競馬の経済学

[監修] 渡辺隆裕

KANZEN

〔はじめに〕

経済的な視点から競馬に迫る

年末の締めくくり、有馬記念。競馬ファンのみならず、多くの人々が心待ちにする年末の一大イベントです。キタサンブラックが勝ち、馬主の北島三郎氏が唄った2017年の有馬記念のレースの売上は、何と451億円。それは東証プライム上場企業のいくつかの年間売上をも上回ります。たとえば、私の好きな「長崎ちゃんぽんリンガーハット」の2022年度の売上は377億円です。わずか3分足らずのレースが、1年の売上を凌駕《りょうが》しているのです。

競馬は日本の大きな産業です。JRAの2022年度の事業収益は約3兆2900億円。そのうちの8割は払戻金として馬券を的中させた人に還元され、1割にあたる3200億円は国へ納付されます。残りは、競馬の運営費、施設の建設・管理運営へ。さらに騎手、調教師、厩務員へ。そして、馬主に支払われる賞金は新たな競走馬の購入費として牧場へ渡り、さらにそのお金は種牡馬への種付け料、エサ代、牧場の維持費などへ。これらの人々渡ったお金は消費に回されて、地域経済を豊かにしていくのです。

通常、競馬についての書籍は馬券の勝ち方や血統についての情報が主流ですが、本書は競馬にまつわる〝お金〟に焦点をあてています。競馬ファンだけでなく、たくさんの人に競馬という巨大な産業を経済的な視点から知っていただければ幸いです。

監修　**渡辺隆裕**

日本競馬と日本経済の歴史

日本競馬と日本経済（実質経済成長率）の歩みを合わせて見ていきましょう。

年代	1950～	1960～	1970～
日本競馬の歴史	・日本中央競馬会（NCK）が発足 ・NCKの初年度の売上が約100億円を記録する	・NCKの売上が1000億円を初めて突破	・第一次競馬ブーム ・競走馬の生産頭数が1万頭を超える ・NCKの売上が1兆円を初めて突破

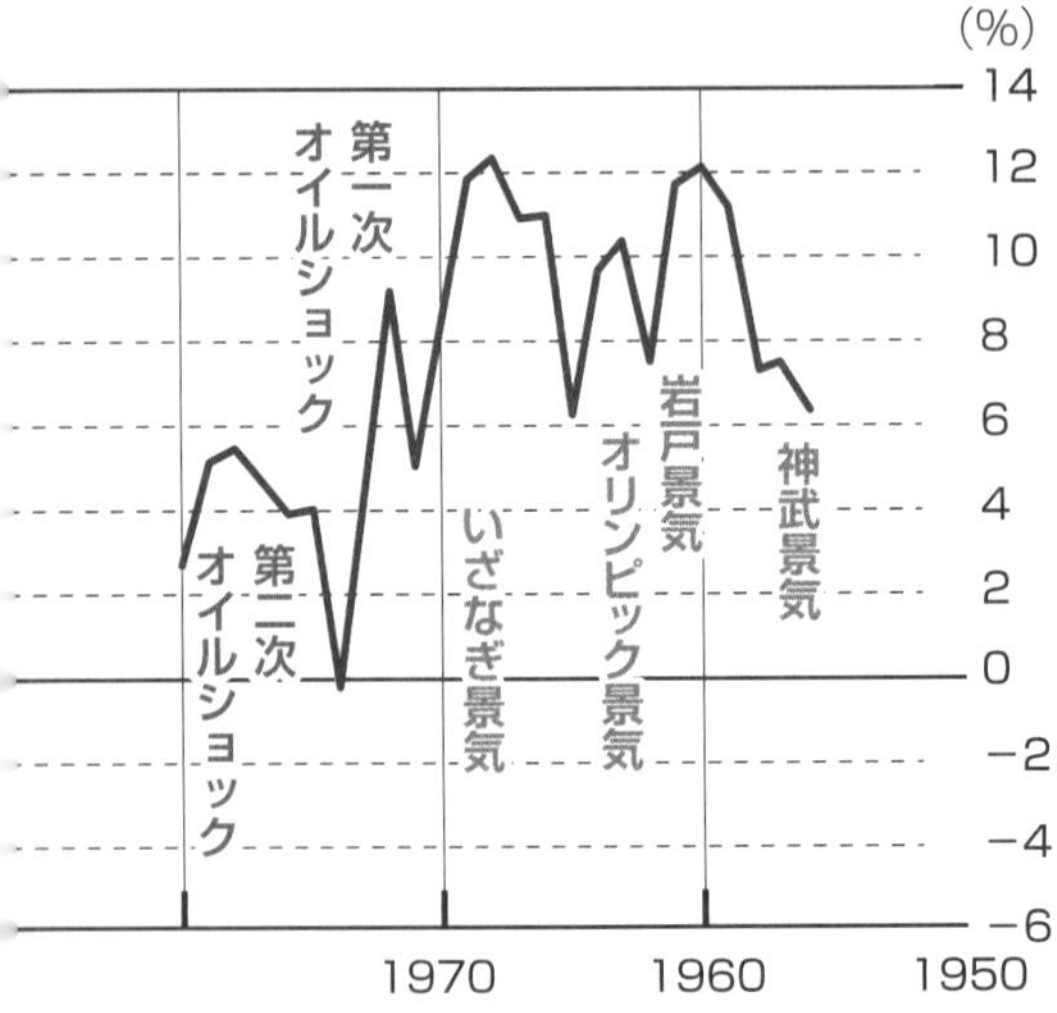

実質経済成長率の推移（前年度比）

1980～	1990～	2000～	2010～	2020～
・第二次競馬ブーム ・ＪＲＡ（旧ＮＣＫ）に呼称変更 ・ＪＲＡの売上が２兆円を初めて突破	・東京競馬場で最多入場人員を記録 ・有馬記念で１レースの最高売上を記録 ・ＪＲＡの売上が４兆円を初めて突破	・インターネットでの投票開始 ・ＪＲＡの売上が３兆円を割り込む	・福山競馬場が廃止（現時点で最後の廃止） ・競走馬の生産頭数が７千頭を割り込む ・海外馬券（ＧＩ競走）の発売が開始	・ＪＲＡの売上が３兆円を回復する ・ＪＣと有馬記念の賞金が５億円に

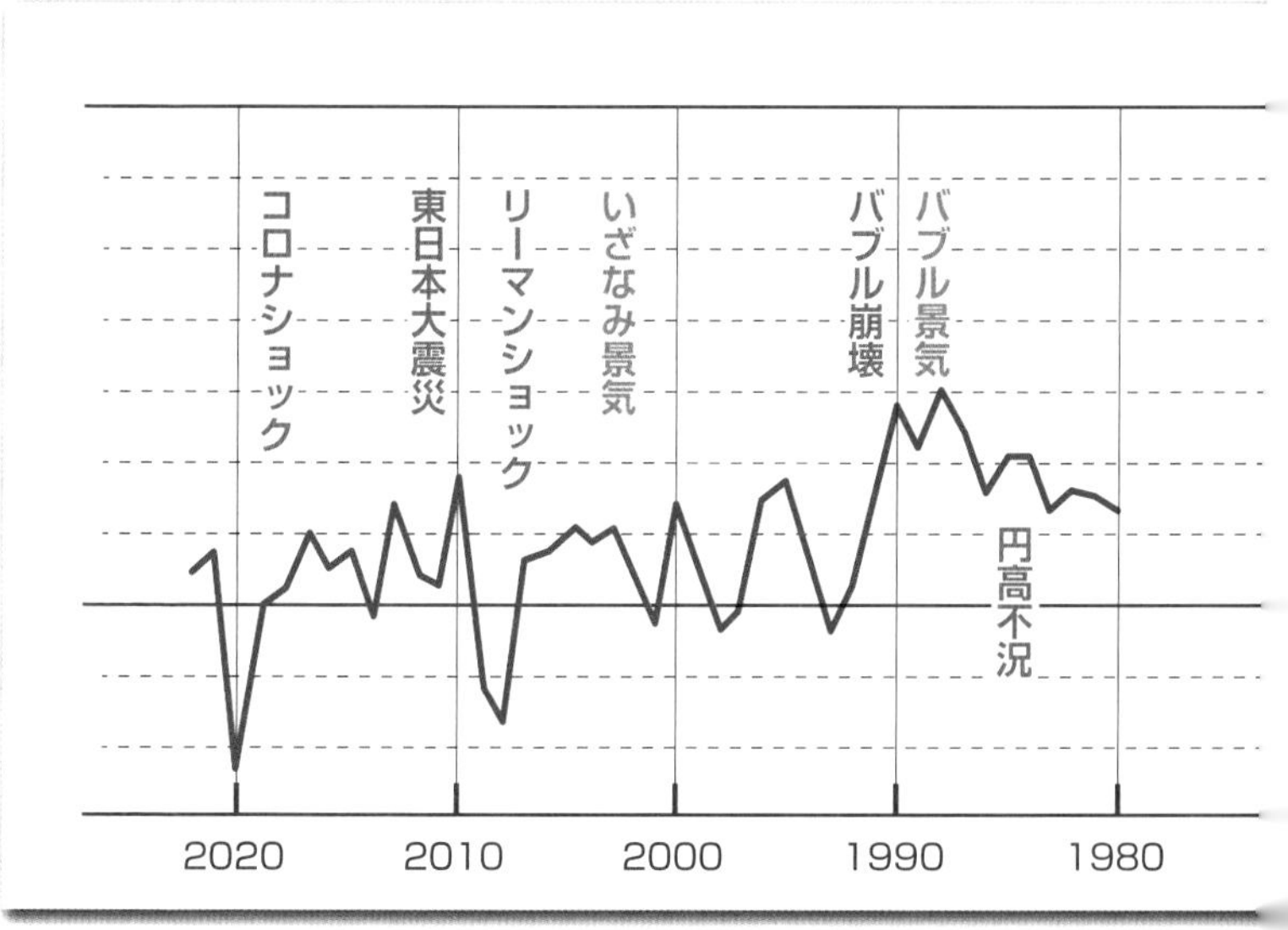

競馬の経済学〈目次〉

Part.1 競馬場の経済

Part.2 牧場の経済

Part.3 ファン・馬主の経済

本書は主に２０２３年10月時点の情報をもとに作成しています。そのため、同年11月以降のレース結果によっては記載する情報が最新の情報と異なる場合があります。

Part.1
競馬場の経済

Part.1 ファンと馬主の支出で競馬は成立している

日本の競馬にまつわるお金の流れにおいて、その中心となっているのは、競馬ファンの購入する馬券の売上です。

中央競馬の場合、馬券の売上は、いったんすべてJRAに入ります。そこから馬券が的中した人への払戻しが行われ、そのうえで馬主、騎手、調教師などへの賞金が支払われます。そして、残った金額がJRAの収入となり、それによって中央競馬は運営されています（く

わしくは160ページ参照）。

もう一つ、競馬におけるお金の流れで大きいのは、馬主からのものです。馬主はセリ市場による「市場取引」や、牧場側と直接売買する「相対《あいたい》（庭先《にわさき》）取引」で競走馬を購入し、それが生産牧場の収入となります。

購入した競走馬は厩舎に預けることになりますが、その預託料も馬主が支払い、それが厩舎の主な収入となります。

このように、競馬を支えているのは、主にファンと馬主からの支出によって成り立っているのです。

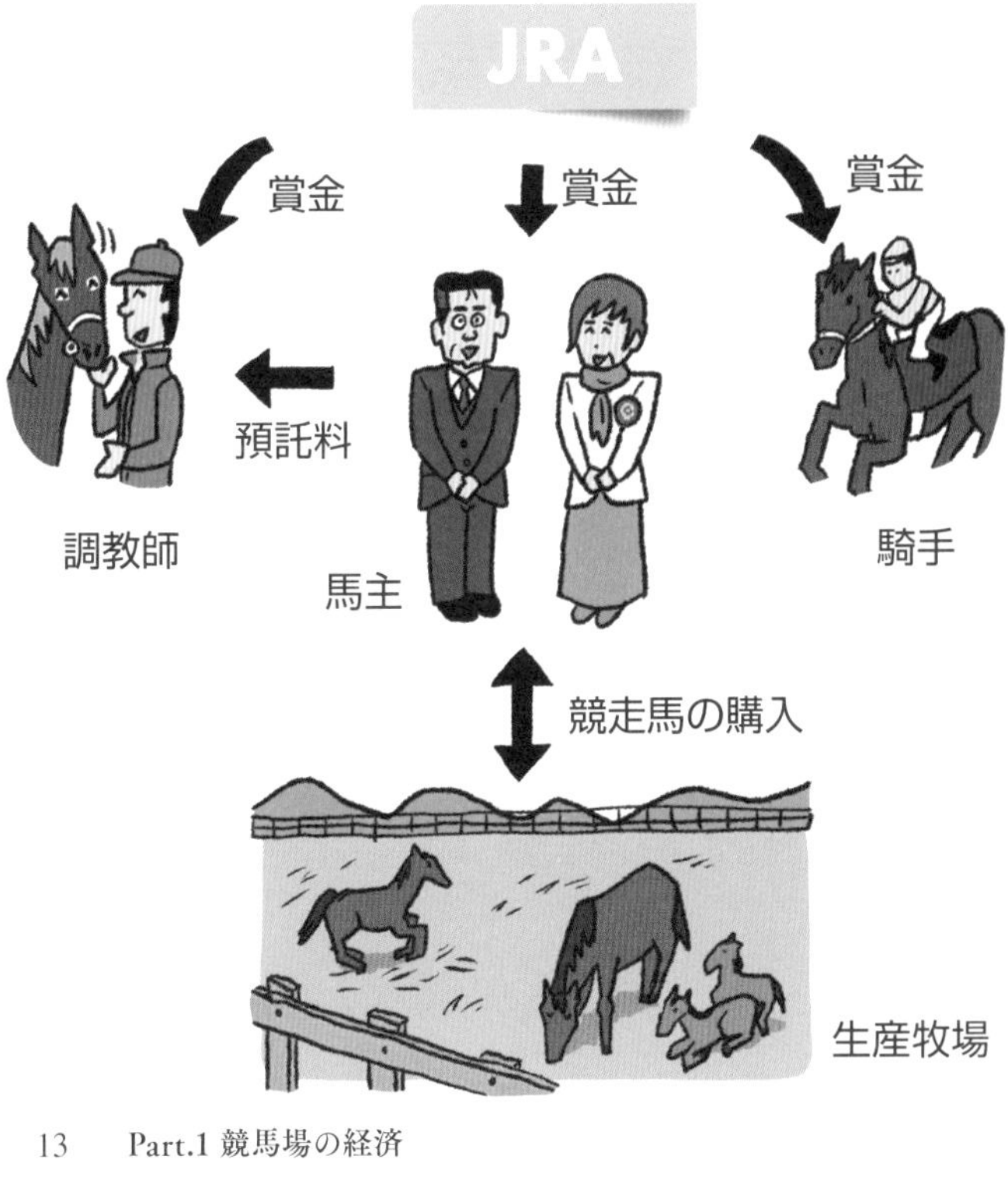

Part.1

3兆円を超える収益を上げる巨大組織

日本の数ある公営ギャンブルのなかで、中央競馬は断トツの売上を誇っています。その主催者であるJRAの2022年度の事業収益は、約3兆2938億円でした。JRAの収益（売上高）が3兆円を超えるのは3年連続のことです。

収益のうち、馬券の販売による収入が約3兆2754億円と、そのほとんどを占めています。一方、同年度の馬券が的中した人への支払い（配当金・払戻金）の総額は、

JRAの事業収益（近5年）

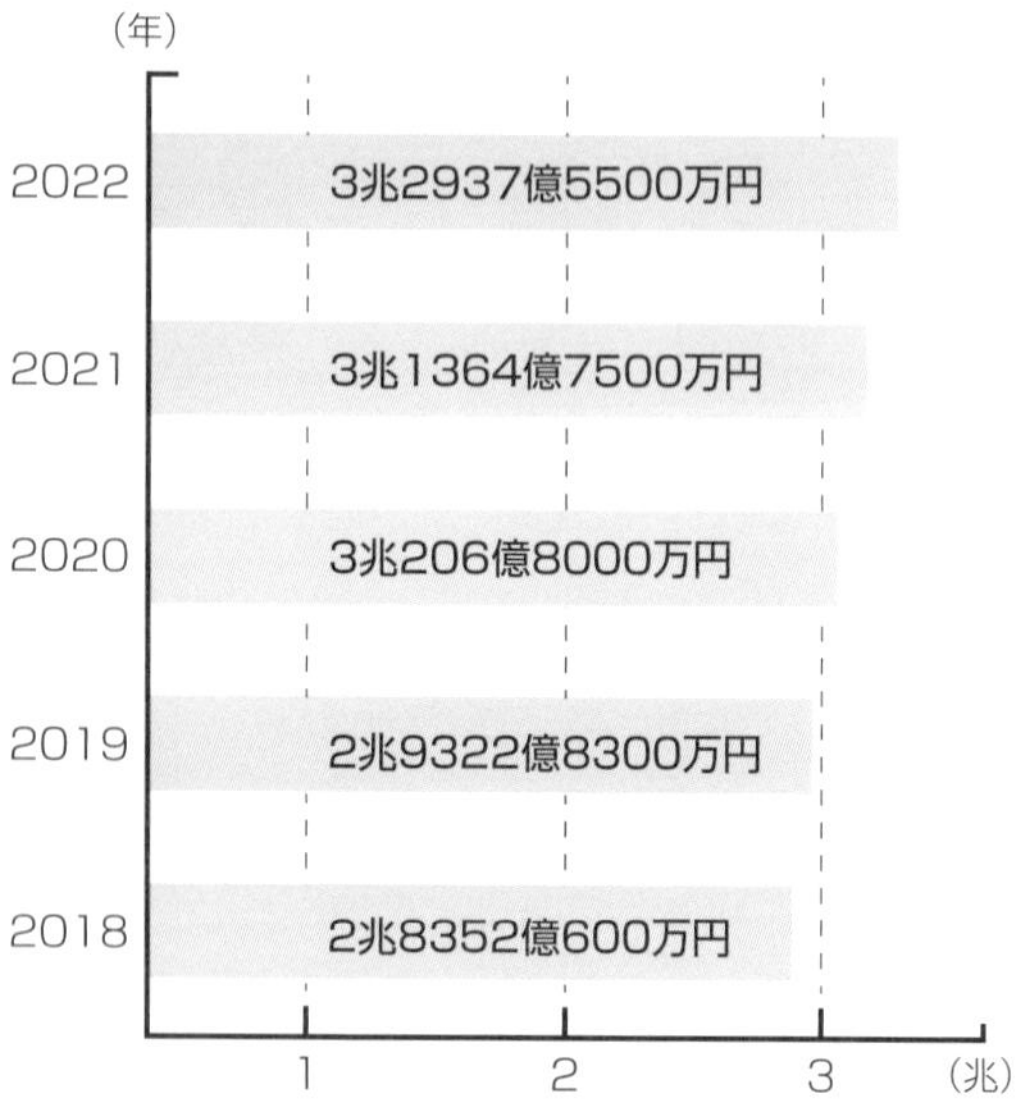

JRAの概要 成長推移『売得金額・入場人員』をもとに作成

約2兆4781億円でした。約8000億円が、JRAの費用や利益、国への納付金となります。（160ページ参照）。

売上だけを見れば、2022年度の売上が約3兆3130億円のNECとそれほど変わりません。また同じく公営ギャンブルである競輪とくらべても3倍もの売上があります。

競馬がこれだけ安定的に収益を上げられるのは、ただの賭け事というのではなく、親馬から仔馬へと血が受け継がれる血統を楽しめる一面もあるからでしょう。

中央競馬と競輪の売上（2022年度）

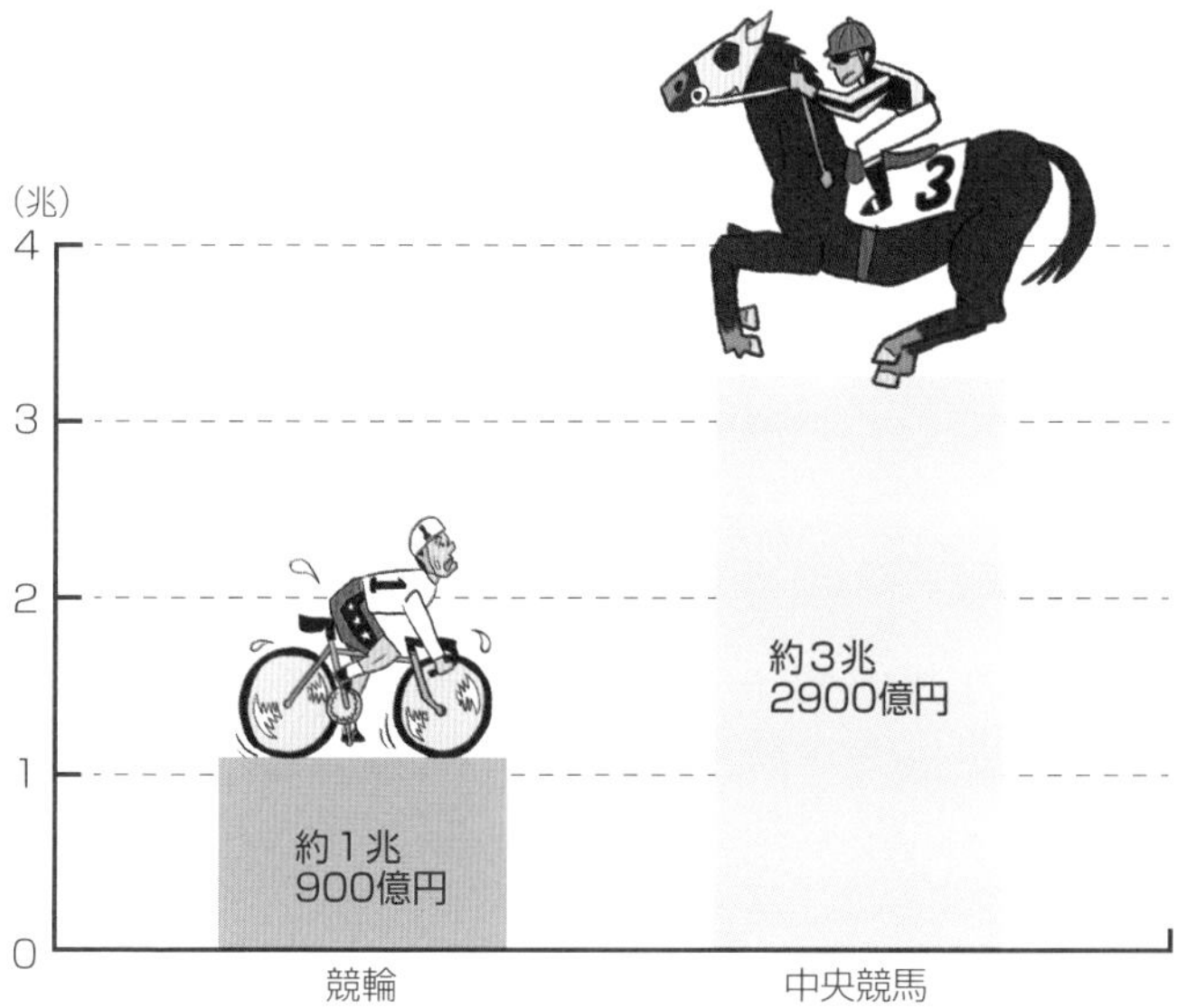

Part.1

ピーク時で1400万人以上が競馬場へ

コロナ禍により、1954年のNCKの創設以来初となる無観客競馬が2020年2月末から実施されました。2020年10月から有観客競馬にもどったものの、事前に指定席を購入した人だけが競馬場へ入場できるなどの措置が翌2021年5月末までとられていました。そのため、入場人員（入場者数）は2021年度には72万2670人まで落ち込みます。

2023年になって、ようやく

入場人員の制限が全面的に解除されましたが、ＧＩ競走が開催される日は入場人員の上限が定められるなど、コロナ禍以前のような客足が戻るかは不透明です。

そもそも年間の入場人員のピークは１９７５年度と１９９６年度に記録した１４００万人超えで、コロナ禍以前より競馬場を訪れる人の数は減少していました。それでも、ＪＲＡの調査によると、競馬場やＷＩＮＳに訪れるほか、インターネットでの馬券購入など、競馬参加者は２０２２年度には過去最高を更新しています。

開催競馬場の入場人員の推移

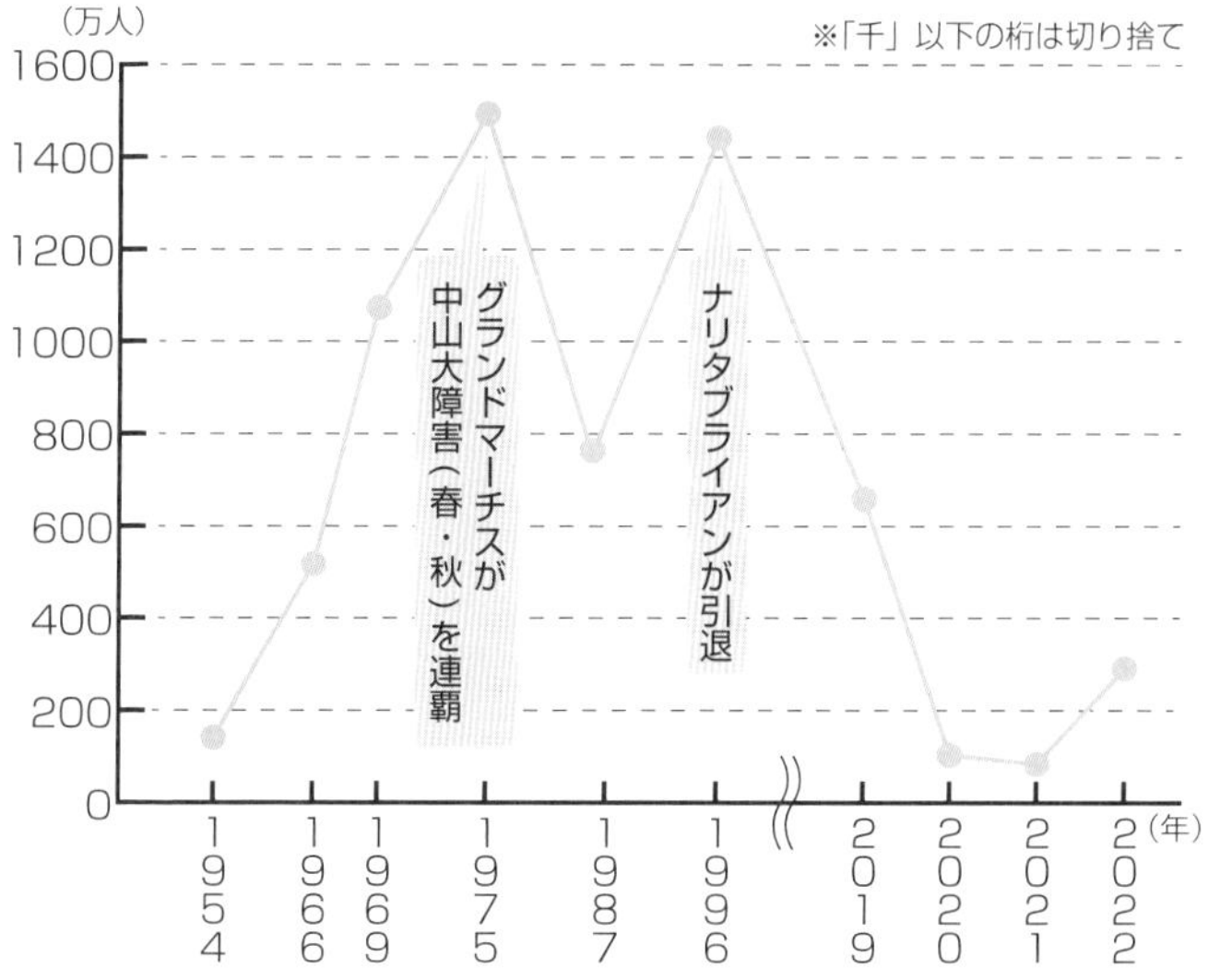

JRAの概要 成長推移『売得金額・入場人員』をもとに作成

Part.1

中規模の都市の人口が競馬場に集結!?

武豊騎手とオグリキャップの活躍にバブル景気が加わり、1980年代後半から第二次競馬ブームが巻き起こりました。

その第二次競馬ブーム真っ只《ただ》中の1990年5月27日、日本ダービーが行われた東京競馬場で、日本の競馬場における入場人員のレコードが記録されます。その人数は19万6517人にのぼりました。

その日本ダービーではアイネスフウジンが逃げ切り勝ちし、場内

競馬場別の最多入場人員（上位5場）

年月	競馬場	入場人員	メインレース（優勝馬）
1990年5月27日	東京	19万6517人	日本ダービー（アイネスフウジン）
1990年12月23日	中山	17万7779人	有馬記念（オグリキャップ）
1995年11月12日	京都	14万3606人	エリザベス女王杯（サクラキャンドル）
1997年7月6日	阪神	9万2986人	宝塚記念（マーベラスサンデー）
1996年5月19日	中京	7万4201人	高松宮杯（フラワーパーク）

※1995年のエリザベス女王杯にはライデンリーダーが出走
※1996年の高松宮杯にはナリタブライアンが出走

に大観衆による「ナカノコール」が響きわたりました（鞍上は中野《なかの》栄治《えいじ》騎手）。

このレース以前の東京競馬場の入場人員レコードは、第一次競馬ブームの最中の1973年、タケホープが勝った日本ダービーでの約16万人です。

ちなみに、中山競馬場の入場人員レコードは、第二次競馬ブームをけん引したオグリキャップがラストランで勝利を収めた1990年12月23日の有馬記念で、17万7779人となっています。これが全競馬場で歴代2位の記録です。

Part.1

大都市圏の競馬場の売上は数千億円

ＪＲＡが運営する開催競馬場別の２０２２年度の売上を見ると、１位は阪神競馬場の７１０３億３４４９万１８００円、２位は東京競馬場の６７６８億７５０８万４７００円、３位は中山競馬場の６１３５億１３７５万８３００円でした。

ただ、これは改修中だった京都競馬場の開催がなかったことによるもので（現在は改修を終えて２０２３年にグランドオープン）、例

開催競馬場別の売上ランキング
（2022年度）

順位	競馬場	入場人員	売上
1位	阪神	48万人	7103億円
2位	東京	90万人	6768億円
3位	中山	43万人	6135億円
4位	中京	24万人	4632億円
5位	小倉	16万人	2185億円

※入場人員の「万」未満の桁は切り捨て。売上の「億」未満の桁は切り捨て
JRA『令和4事業年度 事業報告』の「開催競馬場別開催実績」をもとに作成

年は1位が東京競馬場、2位が中山競馬場というのが不動です。そして、3位を阪神競馬場と京都競馬場が争っています。

たとえば2019年度は、1位が東京競馬場の6158億744万円、2位が中山競馬場の5333億4813万7300円で、京都競馬場が4822億3300万5600円で3位でした。

集客力の高い日本ダービーやジャパンカップをはじめ、開催競馬場で最多となる8つものGⅠ競走が行われる東京競馬場が1位なのは納得です。

開催競馬場別の売上ランキング（2019年度）

順位	競馬場	入場人員	売上
1位	東京	176万人	6158億円
2位	中山	108万人	5333億円
3位	京都	103万人	4822億円
4位	阪神	84万人	4557億円
5位	中京	39万人	2007億円

※入場人員の「万」未満の桁は切り捨て。売上の「億」未満の桁は切り捨て
JRA『令和元事業年度 事業報告』の「開催競馬場別開催実績」をもとに作成

Part.1 ①

数百億円をかける競馬場の改修費

改修した京都競馬場

約760億円

天皇賞・春や菊花賞、秋華賞といったGI競走が実施される京都競馬場（京都市伏見《ふしみ》区葭島《よしじま》渡《わたし》場《ば》島《じま》町）の前身である島原《しまばら》競馬場（旧・京都競馬場。京都市下京《しもぎょう》区）が開設されたのは、まだ明治時代にあたる1907年のことです。その後、1925年に現在地へと移転しました。

そして2025年に現在の場所で開設して100周年となることを記念して、京都競馬場は202

改修した東京競馬場のスタンド

約950億円

0年11月から2023年3月まで改修工事が行われました。

改修工事は、スタンドの改築はもとより、コースの地盤改良から芝とダートの総入れ替え、厩舎関係エリア、パトロールタワーの改修など、大規模なものとなりました。その総工費は約760億円にのぼります。これは、東京スカイツリーの建築費の約650億円を上回っています。

なお、7年の歳月をかけて2007年に完成した東京競馬場の新スタンドの工事費は約950億円にのぼりました。

Part.1

数千もの人が働く東西のトレセン

〈栗東トレセン〉

調教師約100人／調教助手約950人／厩務員約250人／騎手約70人

※2023年度時点

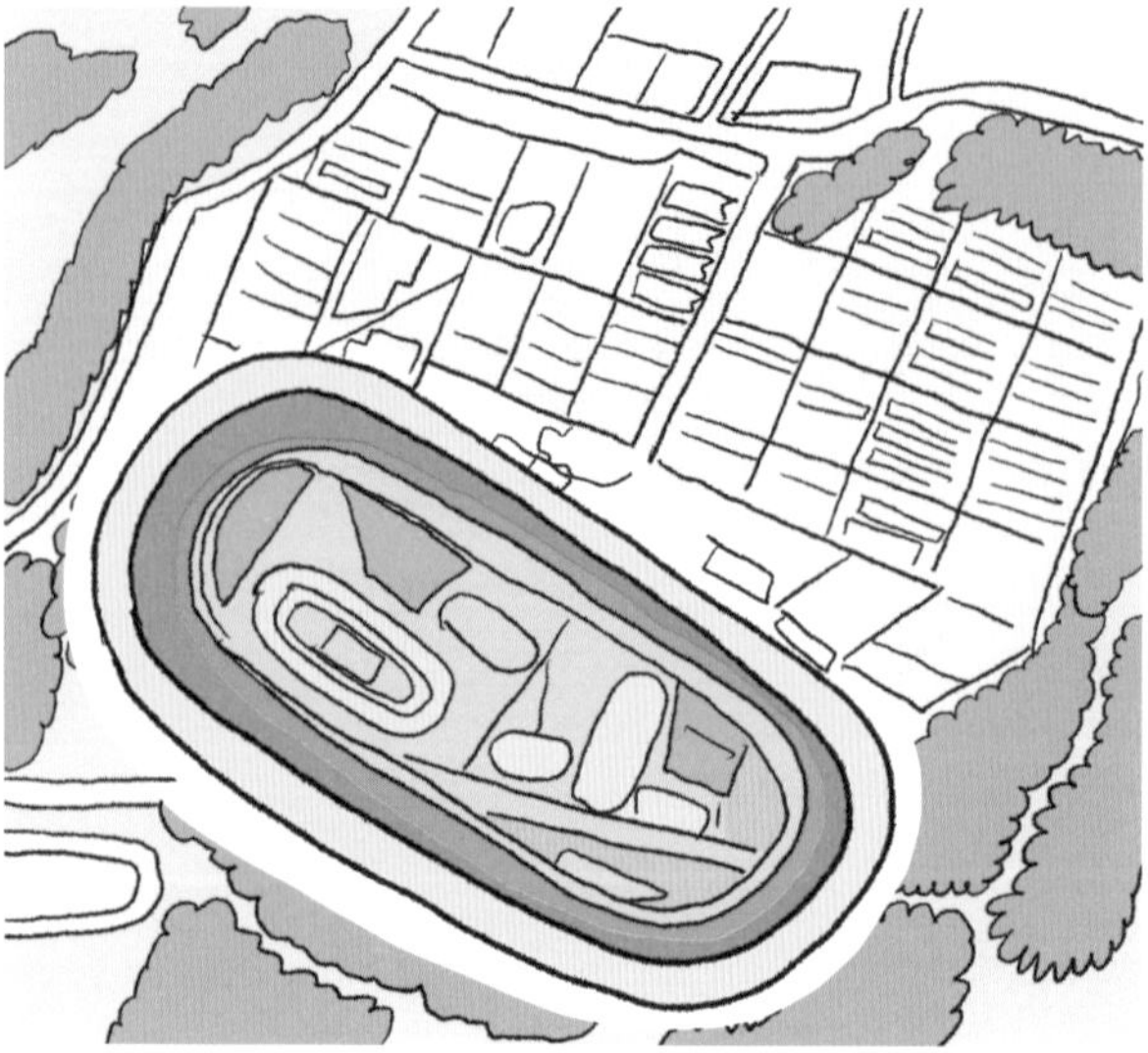

JRAに所属する競走馬は、滋賀県栗東《りっとう》市にある栗東トレーニングセンター（通称トレセン）か、茨城県美浦《みほ》村にある美浦トレセンのどちらかで調教されます。

両トレセンには、厩舎、騎手の調整ルーム、調教助手や厩務員など競馬関係者の住居区画も併設されています。

栗東トレセンの敷地面積は約152万平方メートル（東京競馬場の敷地面積が約62万平方メートル）

〈美浦トレセン〉

調教師約100人／調教助手約750人／
厩務員約460人／騎手約70人

※2023年度時点

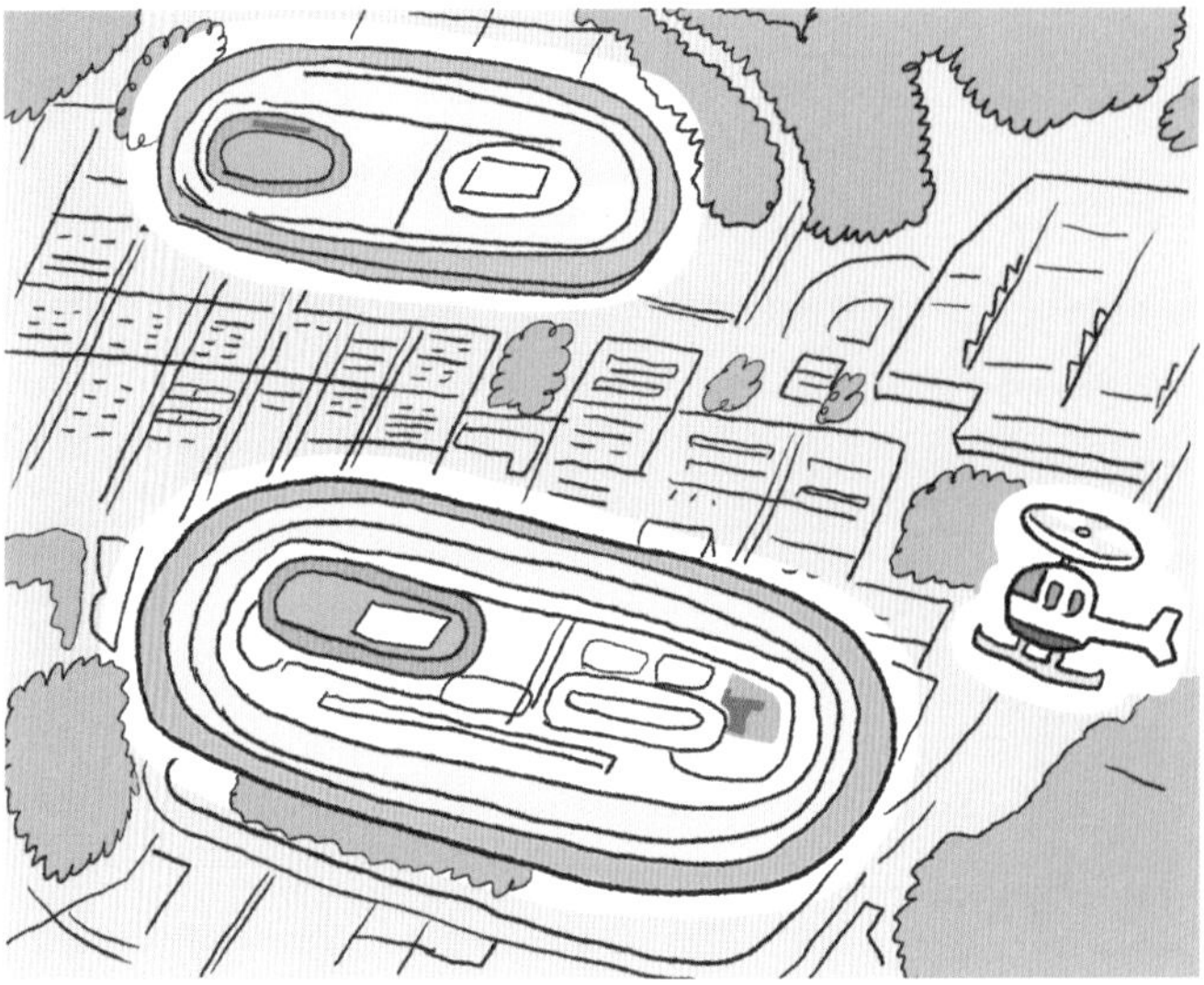

で、約2000人の競馬関係者が働いています。一方、美浦トレセンの敷地面積は約224万平方メートルで、約5000人の競馬関係者が働いています。

当然、これだけの人がトレセン内で生活を送っているわけはなく、東西トレセンのある自治体はもちろんのこと、その周辺の自治体にも住んでいる競馬関係者が多くいます。

これらのことから、トレセンの存在は税収面で美浦村や栗東市をはじめとした各自治体の大きな助けとなっていることでしょう。

月の預託料は平均で70万円以上!

馬主が購入した競走馬は厩舎に預けられ、そこでレースに備えてさまざまな調教を受けます。そのために馬主が厩舎に支払うのが「預託料《よたくりょう》」です。

預託料には、基本預託料のほかに、競走馬の治療費や装蹄《そうてい》費、馬具費、出張経費などの諸経費も含まれています。

中央競馬の場合、厩舎によって基本預託料は異なり、また馬ごとにかかる諸経費も違ってきますが、

月平均で70万円ほどになります。

とはいえ、基本預託料は厩舎によってかなりの差があり、一番安い厩舎だと40万円くらいのところもあります。一方、人気がある厩舎の月の基本預託料は70万円以上することもあります。

　地方競馬の場合も預託の中身は中央競馬と変わりませんが、基本預託料が厩舎ごとに違うだけでなく、相場も所属ごとに多少違います。ただ、中央競馬よりも安いことは確かで、たとえば川崎競馬の月平均の預託料は30万～35万円ほどです。

人気の高い厩舎ほど高い預託料

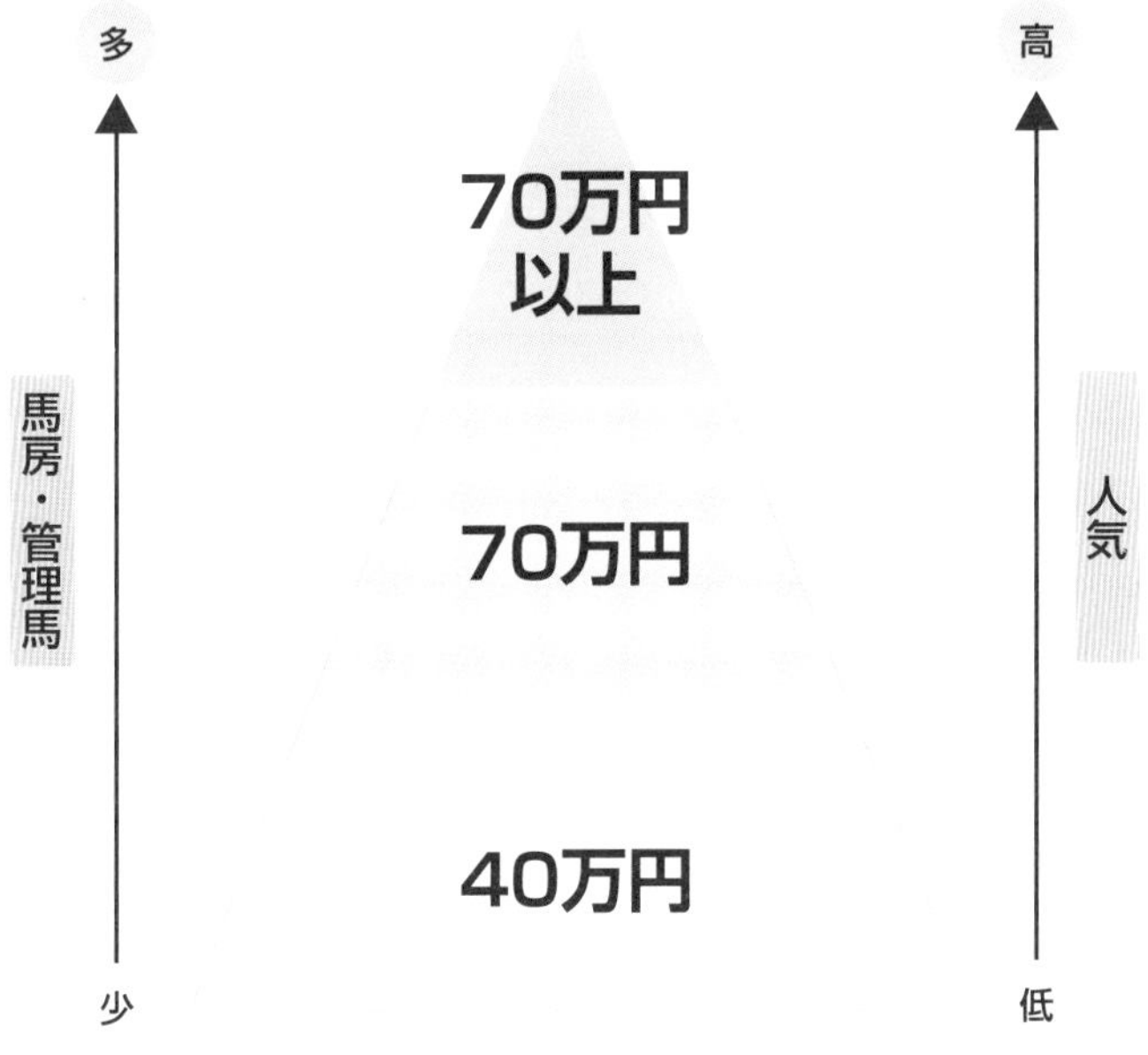

Part.1 ① トレセンよりも割安な外厩の預託料

ＪＲＡに所属する調教師は最大で75頭まで競走馬を管理することができますが、最大で30馬房しか持つことができません。

そこで調教師は、レースを終えて次のレースを使うまで間のある馬で、完全に休ませるつもりがない場合は、栗東トレセンか美浦トレセン周辺などにある調教設備のある牧場に短期間だけ馬を預けて調整します。この施設を「外厩《がいきゅう》」といいます。

外厩とトレセンを行き来する競走馬

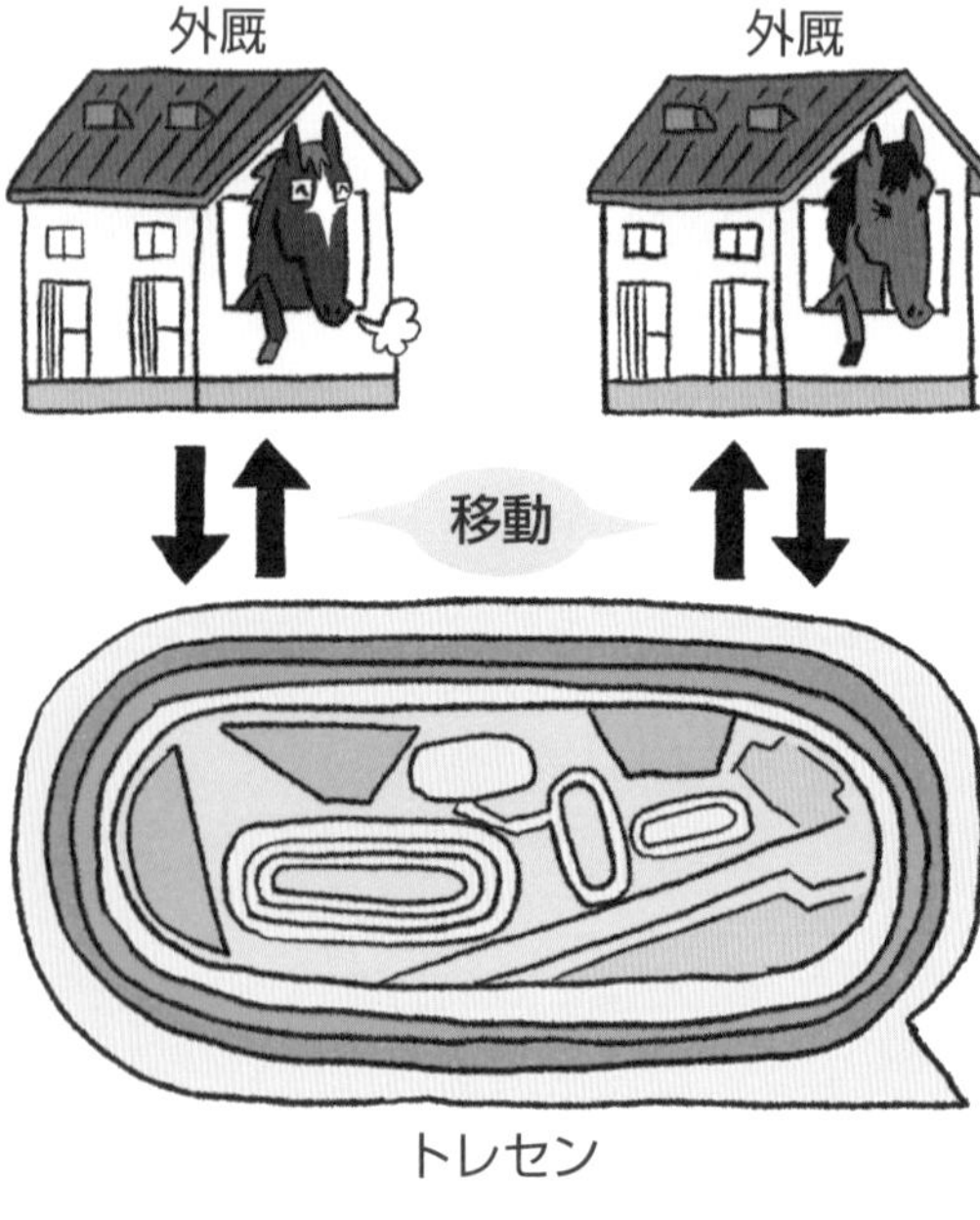

調教師は、この外厩なども活用することで競走馬をローテーションさせて、定められた馬房数よりも多い数の競走馬を管理しているのです。

当然、外厩でも預託料はかかり、月40万円ほどを馬主が支払います。厩舎にいるときの預託料が月平均70万円ほどなので、積極的な外厩の利用は馬主にも経済的なメリットがあります。

ちなみに、トレセン周辺から北海道の牧場などに放牧させた際の預託料は月30万円前後ですが、10万円ほどの輸送費がかかります。

東西の主な外厩の一覧

「※」のつく施設は社台グループの所有

東日本（所在地）	西日本（所在地）
下河辺《しもこうべ》トレーニングセンター（千葉県香取市）	宇治田原《うじたわら》優駿ステーブル（京都府宇治田原町）
ノーザンファーム天栄《てんえい》※（福島県天栄村）	大山《だいせん》ヒルズ（鳥取県伯耆《ほうき》町）
ビッグレッドファーム鉾田《ほこた》（茨城県鉾田市）	グリーンウッド・トレーニング※（滋賀県甲賀《こうか》市）
松風《まつかぜ》馬事センター（茨城県美浦村）	チャンピオンヒルズ（滋賀県大津市）
山元トレーニングセンター※（宮城県山元町）	ノーザンファームしがらき※（滋賀県甲賀市）
吉澤ステーブルEAST（茨城県阿見《あみ》町）	吉澤ステーブルWEST（滋賀県甲賀市）

Part.1

専門職の年収は1000万円超え

売上を見てもわかるように、ＪＲＡという組織は巨大であり、そこには多くの人が働いています。ＪＲＡで働く常勤職員は約１５００人いて（２０２２年度）、その平均年収は約９００万円（平均年齢約42歳）です。国税庁の民間給与実態統計調査の結果によれば、２０２２年度の日本人の平均年収は４５８万円です。

新卒の年収で見ても、事務・技術の場合、ＪＲＡの新卒の年収は

JRA所属の主な職員の割合（2022年度）

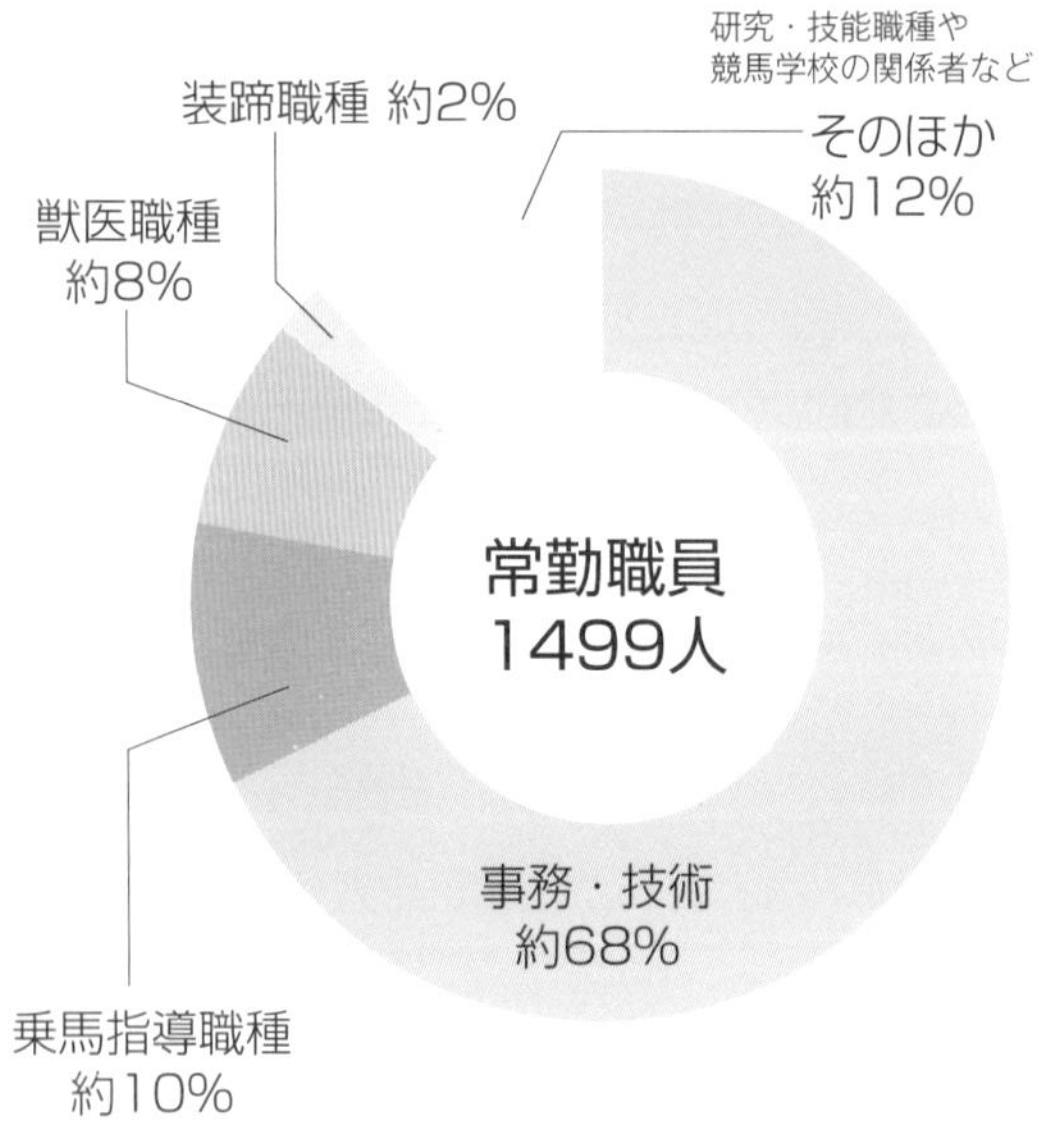

JRA『役職員の報酬・給与等について 令和4年度』などを参考に作成

335万円（基本給のみ）です。なお、一般企業の新卒の平均年収は200万〜250万円くらいです。

もっとも、JRAの常勤職員は職種や学歴、地域によっても年収が大きく変わってきます。また、都内での勤務か、関西・関東での勤務か、トレセンでの勤務かで、地域手当の有無も変わってきます。

高い専門性が求められる研究職、開催専門職、獣医職（平均年齢40代）などは、全人員の約65％を占める事務・技術よりも人員が少なく、平均年収は1000万円を超えます。

乗馬指導職種

事務・技術

装蹄職種

獣医職種

Part.1

馬券購入に欠かせない子会社

ＪＲＡにはいくつかの子会社があり、競馬ファンにも身近な業務を行っています。ＪＲＡシステムサービスもその一つです。

勝馬投票券の発売・払戻業務を行うトータリゼータシステムの運用・保守管理を行う企業として、１９６８年にＪＲＡシステムサービスはスタートしました。

そして２０２３年現在では、インターネット投票や、海外競馬における勝馬投票券の発売などのシ

〈会社概要〉

社名	JRAシステムサービス株式会社		
設立	1968年	資本金	5億円
従業員数	約700人	売上	193億円（2022年度）

※2023年10月時点

〈主な沿革〉

1992	JRA-VANの事業開始
2012	地方競馬の馬券発売（インターネット投票）の運用保守管理業務を開始
2016	海外競馬の馬券発売（インターネット投票）の運用保守管理業務を開始
2018	UMACA投票の運用保守管理業務

ステム開発や運用・保守管理も行っています。

2018年からは、キャッシュレス投票（JRA-UMACA《ウマカ》）の運用・保守管理といった業務も開始しています。ちなみに、JRAの公式データ配信サービスであるJRA-VAN《バン》も同社が運営しており、個人や業者（馬券予想ソフトの開発者）を相手に競馬に関する膨大な情報を有償で提供しています。

また事業所は、日本全国の中央競馬の競馬場、およびWINSにあります。

Part.1 ①

競走馬を輸送する子会社

高速道路を車で走っていると、車体にJRAのロゴが入った車両を見たことがあるかもしれません。それは競走馬を輸送する馬運車で、輸送業務を担うJRAの子会社の馬運車です。

この日本馬匹《ばひつ》輸送自動車は、美浦トレセンのある茨城県美浦村に91台の馬運車を擁《よう》する大型車両基地を所有し、美浦トレセンと全国10カ所の競馬場の間の競走馬の輸送を担《にな》っています。

〈会社概要〉

社名	日本馬匹輸送自動車株式会社		
設立	1947年	資本金	3600万円
従業員数	85人（正社員）	売上	20億6100万円（2022年度）

※2023年10月時点

〈実績（近3年）〉

	馬運車の台数	輸送頭数
2020	99	3万7959頭
2021	99	3万8671頭
2022	91	3万7080頭

ほかの業務として、地方競馬場や放牧先の牧場への輸送や乗馬の輸送も行っています。さらに２０２１年には、２０２０オリンピック・パラリンピック東京大会の馬術競技馬の輸送も担い、延べ８２５頭を輸送しました。

同社の設立は１９４７年と古く、70年以上も続く老舗《しにせ》企業です。戦後、競馬が国営だった時期は日本政府が株主でしたが、１９５４年にＮＣＫが設立され、その2年後にＮＣＫの子会社となりました。

なお、栗東トレセンでは主に民間の輸送会社を利用しています。

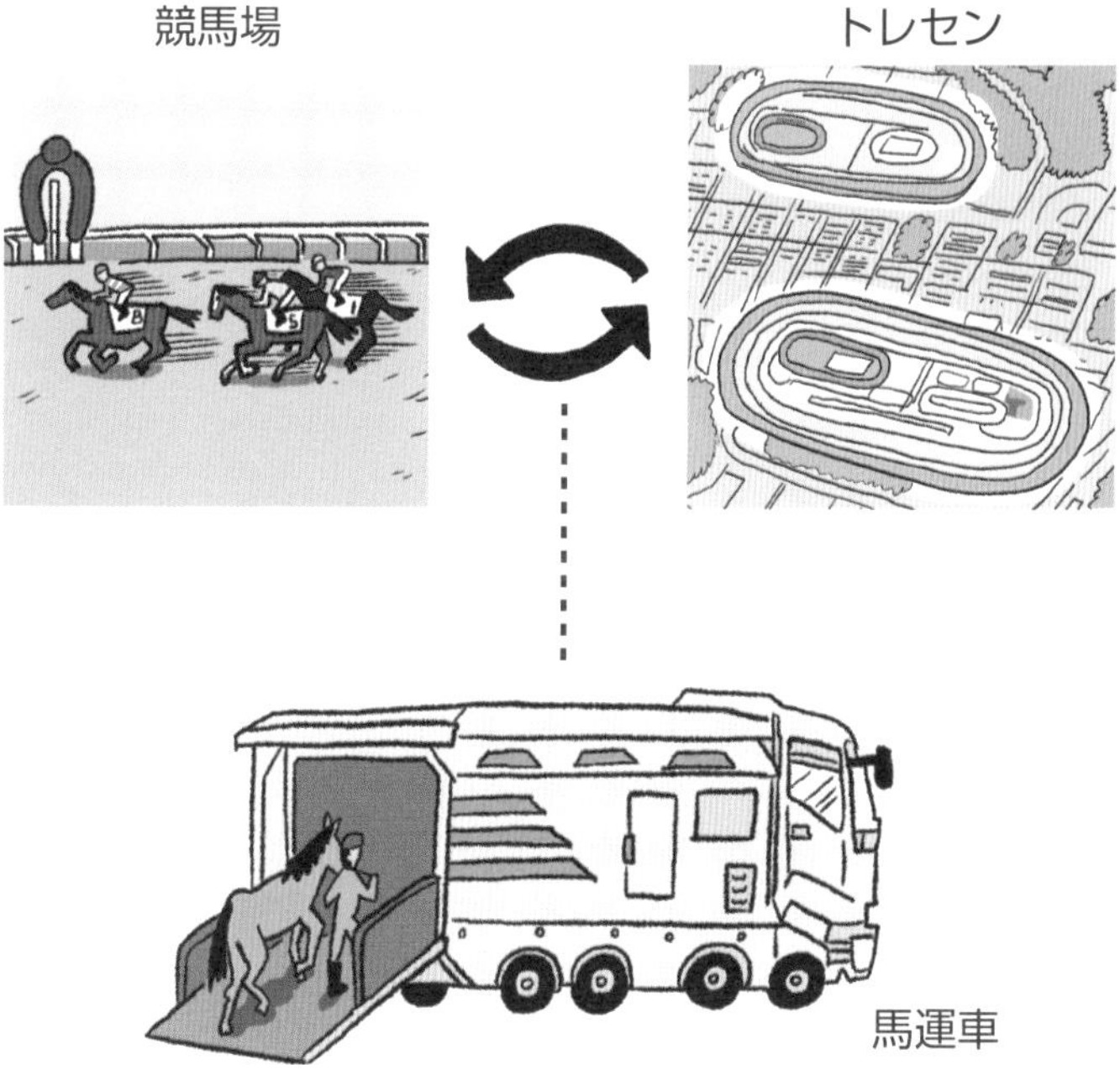

Part.1

レースを影から支える子会社

競馬場やWINS、トレーニングセンターなどJRAの諸施設の設計管理、および設備保守を行っているJRAファシリティーズもJRAの子会社です。

同社の業務は先に挙げたほかにも多岐にわたっています。具体的な業務として、競馬場やWINSといった施設の清掃業務から、トレセンの馬糞《ばふん》・寝藁《ねわら》の回収と肥料化、競走馬の飼料《しりょう》（エサ）・敷料《しきりょう》（馬房などに敷く寝藁）、薬品・サ

〈会社概要〉

社名	JRAファシリティーズ株式会社		
設立	1955年	資本金	3億円
従業員数	504人	売上	235億2600万円（2022年度）

※2023年10月時点

〈主な業務〉

競馬関連施設の設計・監理	馬場の営造と修繕
競馬場・WINSの清掃	パンフレット等の印刷
調教の監視・検体の輸送	WINSの売店等の運営
ゼッケンの製作	保険代理店の業務

プリメントなどの輸入・販売などがあります。馬具などの騎乗に欠かせない商品も取りあつかっています。

さらには競走用のゼッケンの作成、レーシングプログラムをはじめとした、さまざまな印刷物の作成も行っています。また、競馬関係の保険代理店業務も手掛けています。

ＪＲＡファシリティーズの本社は東京都中央区にありますが、各競馬場と美浦・栗東トレセンに事業所があり、馬事公苑《ばじこうえん》や競馬学校などにも営業所があります。

飼料や敷料の販売

印刷物の作成

競馬場の清掃

Part.1

収益の一部は社会支援活動に

馬の博物館の運営

ＪＲＡは国に納めている国庫納付金（１６０ページ参照）とは別に、独自にさまざまな社会支援活動を行っています。

たとえば、大規模な災害が起こった際には、たびたび被災地への見舞金を贈っています。最近では、２０２２年に発生した福島県沖地震に際して、福島競馬場から福島県と福島市に、それぞれ１０００万円、計２０００万円の見舞金を贈りました。

馬術競技の支援

馬とのふれあい

馬事文化賞の授賞

あるいは、新型コロナウイルスが流行していた時期には、日本赤十字社に対して10億円の支援を行いました。

さらに、２０２０年6月28日に開催されたＧＩ競走である宝塚記念の当日の売上からは、競馬場などのある15都道府県に30億円の支援が行われました。

そのほかにも、初心者への乗馬指導や日本の在来種の保存、伝統馬事芸能の保存、内国産乗用馬の生産振興など、ＪＲＡは日本の馬事文化の発展を積極的に支援しています。

Part.1

同じクラスでも割高な特別競走がお得

中央競馬のレースには、特別競走と一般競走（平場）の2種類があります。

前者は「○○記念」など個別のレース名がつけられているもので、重賞はすべて特別競走に該当します。一方、後者は「新馬戦・未勝利戦」、「○歳○勝クラス」など、個別のレース名のついていないものが該当します。

特別競走と一般競走では賞金も異なっており、特別競走のほうが

競走のクラス分け

30～40％程度高く設定されています。たとえば、平地の3歳以上が出走対象の1勝クラスで1着になった場合、特別競走は1110万円ですが、一般競走は800万円です。なお、これら「本賞金」とは別に、出走することでさまざまな手当や奨励賞などが交付されます（165ページ参照）。

また、ここ20年以上、一般競走のオープンレースは実施されておらず、近年は3勝クラスでも大半が特別競走です。ただ、JRAの賞金規定では、今も区分けが残されています。

競走で獲得できる各賞金

「本賞金」の概要
1～5着の馬が獲得する賞金。いわゆる「獲得賞金」
1着：100%、2着：40%、3着：25%、4着：25%、5着：10%
本賞金のほか、出走手当、出走奨励金、付加賞、特別ボーナスが条件を満たすと交付される
クラスを区分するための「収得賞金」とは別物

〈3歳上1勝クラス（平地）の本賞金を例に〉

一般競走	特別競走
1着：800万円	1着：1110万円
2着：320万円	2着：440万円
3着：200万円	3着：280万円
4着：120万円	4着：170万円
5着：80万円	5着：111万円

Part.1

大レースの出走にかかる登録料

中央競馬では、ＧⅠなどの重賞競走に出走させるには「特別登録料」を支払わなければなりません。たとえば、皐月賞、日本ダービー、菊花賞、桜花賞、オークスの５大レースに所有馬を出走させたい場合、定められている期日ごとに３回に分けて計40万円を特別登録料として支払う必要があります。

この３回の特別登録料を払っておらず、先述の５大レースの直前になって出走させる場合、２００

特別登録料に関わる一覧表

〈3歳クラシック競走〉 ※秋華賞を除く

登録締切日時	登録料
2歳の10月第４金曜日(第１回)	1万円
3歳の1月第4金曜日(第２回)	3万円
レースの14日前(第３回)	36万円
レースの14日前(追加登録)	200万円

〈特別登録料の徴収区分〉 ※３歳クラシック競走を除く

対象レース	登録料
ＧⅠ競走(２歳馬を除く)	6万円(第1回)、24万円(第2回)
ＧⅠ競走(２歳馬) ＧⅡ競走(2歳馬を除く)	2万円(第1回)、8万円(第2回)
ＧⅡ競走(２歳馬) そのほかの重賞競走	1万円(第1回)、4万円(第2回)

万円の追加登録料を払う必要があります。のちに年間無敗を達成するテイエムオペラオーは、追加登録料が支払われ、出走した1999年の皐月賞を制しています。

　登録料という仕組みは、海外のレースにも存在します。フランスの凱《がい》旋門《せんもん》賞の事前登録料は100万円程度ですが、追加登録料はその約10倍にも跳ね上がります。

　アメリカで毎年開催されているペガサスワールドカップの登録料は、かつて1万ドルと設定され世界一高額でしたが、今ではその制度自体が廃止されています。

毎日杯を勝ったテイエムオペラオー

Part.1 ①

冠競走なのに賞金は主催者が全負担!?

日本経済新聞社の社名を冠した日経賞や京王電鉄の社名を冠した京王杯２歳ステークスなど、企業名がついたレースがあります。これらは、冠《かんむり》競走（通称「社杯《しゃはい》」）と呼ばれます。

社杯は、基本的にＧＩ以外の重賞と特別戦で実施されます。ただ、例外的にＧＩでも、朝日新聞社の冠がついた朝日杯フューチュリティステークスと、ＮＨＫの冠がついたＮＨＫマイルカップの２つ

冠競走の仕組み

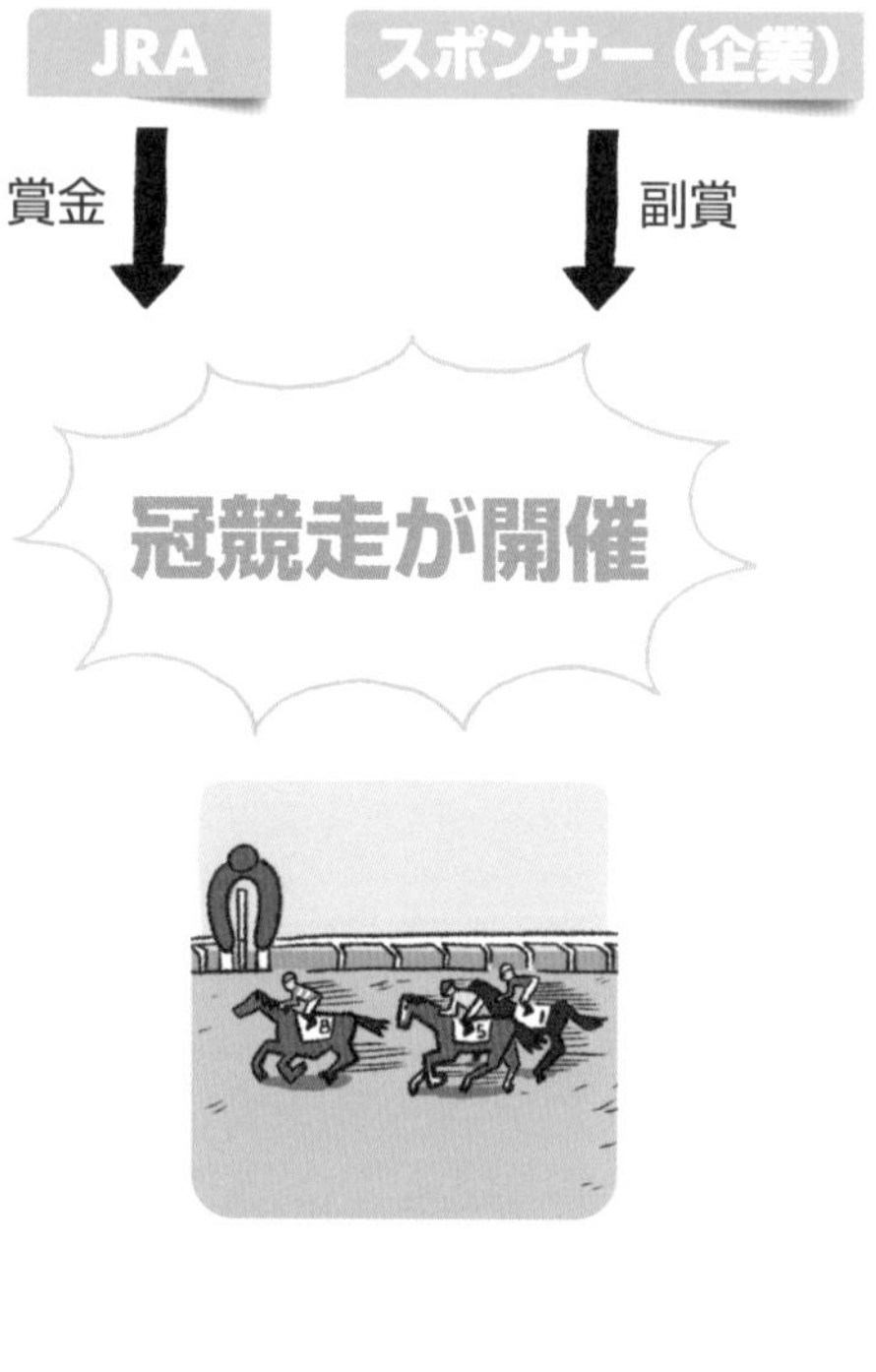

は社杯となっています。

　そんな社杯ですが、企業名がついているにもかかわらず、レースの賞金を負担するのはＪＲＡです。企業は勝利馬の馬主に副賞を贈ります。たとえば、京王杯２歳ステークスを勝った馬主にはカタログギフトなどが贈られるようです。

　現在、社杯の冠企業はマスコミと鉄道会社に集中しています。しかし、かつてはトヨタ自動車の社名を冠したトヨタ賞中京記念などもありました。同レースでは、トヨタの自動車が副賞として贈られていました。

冠競走の主なスポンサー（重賞レース）

放送局	主なレース
NHK	きさらぎ賞、NHKマイルカップ
フジテレビ	スプリングステークス
テレビ東京	青葉賞
関西テレビ放送	ローズステークス
毎日放送	スワンステークス

新聞社	主なレース
朝日新聞	朝日杯フューチュリティステークス
毎日新聞	毎日王冠
読売新聞	読売マイラーズカップ
産経新聞	産経賞オールカマー
日本経済新聞	日経賞、日経新春杯

鉄道会社	主なレース
京成電鉄	京成杯
京王電鉄	京王杯２歳ステークス
京阪電鉄	京阪杯
阪急電鉄	阪急杯

Part.1

1レースの売上が800億円超え!?

世界中で競馬は行われていますが、その売上の約４割は日本競馬が占めているとされています。

そんな高い売上を誇る日本競馬の歴史上、最高額の売上を記録したレースが、バブル崩壊後の１９９６年の有馬記念です。その馬券の売上は、８７５億１００４万２４００円にものぼり、ギネスブックにもこの記録が載っています。イクイノックスが優勝した２０２２年の有馬記念の売上５２１億５８

1レースの売上ランキング
(2023年10月時点)

順位	年	レース名(優勝馬)	売上
1位	1996	有馬記念 (サクラローレル)	875億円
2位	1995	有馬記念 (マヤノトップガン)	819億円
3位	1993	有馬記念 (トウカイテイオー)	788億円
4位	1997	有馬記念 (シルクジャスティス)	780億円
5位	1994	有馬記念 (ナリタブライアン)	752億円

68万6600円とくらべても、そのすごさがわかります。

このレースを勝ったのは、同年の天皇賞・春でナリタブライアンをねじ伏せたサクラローレル、2着はマーベラスサンデーでした。

当時は現在のように、インターネットで気軽に馬券が買えなかったため、各地のWINSには行列ができ、なかには買えずにあきらめた人もいたほどでした。

ランキング上位を有馬記念が占めているのは、有馬記念がファンのなかで〝競馬納め〟と位置づけられているからでしょう。

Part.1

トラブル発生で数百億円が水の泡!?

圧倒的1番人気の馬がスタート直後に落馬をしたり、大きく出遅れたりしたことで、馬券が一瞬で紙クズになった経験のある人は多いでしょう。大金が動くGI競走ともなると、その額も莫大です。

古いところでは、1991年の天皇賞・秋で、単勝1・9倍の断然の1番人気だったメジロマックイーンが1位で入線しながらも、他馬の進路を妨害《ぼうがい》したことにより18着に降着となったことがありま

す。これにより約144億円分の馬券が紙クズとなりました。

　2002年の菊花賞では、皐月賞馬ノーリーズンが単勝2・5倍の1番人気を背負っていましたが、スタート直後につまづき、騎乗していた武豊騎手が落馬。これにより、レース開始わずか1〜2秒で約110億円が吹き飛びました。

　記憶に新しいのが、2015年の宝塚記念で、単勝1・9倍に支持されたゴールドシップが大きく出遅れ、盛り返すこともなくゴール。約117億円が泡と消えています。

Part.1

馬主に重くのしかかる遠征費

日本馬が海外のGI競走に挑戦するのはファンにとってはうれしいものです。しかし馬主にとっては、その費用が頭の痛い問題でもあります。

海外遠征の費用には、厩舎スタッフの飛行機代や滞在費、馬が検査を受けたりワクチンを打ったりする検疫代などもありますが、費用の大半は輸送費です。競走馬は「ストール」と呼ばれる専用コンテナなどで空輸されます。

それら遠征費用の総額は、香港などの近場で約500万円、欧米やUAE（アラブ首長国連邦）など遠距離になると1000万～2000万円ほどかかります。それより遠いフランスなどの欧州なら2000万円以上となります。

　ドバイワールドカップなどの招待レースでは、主催国側が遠征費を負担してくれますが、そうでなければ、馬主が負担します。ただ、フランスの凱旋門賞に挑戦するGI馬には、条件つきとはいえ、JRAから1000万円を上限とした協力金が支払われます。

海外遠征協力金の概要

交付対象競走	凱旋門賞（フランス）
交付対象馬	ＧＩ競走で優勝したJRA所属馬（3歳以上時）

〈協力金が500万〉

交付条件	交付対象競走に出走（出国後、馬体故障等やむを得ない理由で出走できなかった場合も含む）

〈協力金が1000万〉

交付条件	交付対象競走に出走し、当該年度のジャパンカップ、または有馬記念に出走（出走取消および競走除外を含む）

Part.1

売上が数十億円の世界最高峰のレース

長年、日本国内で海外競馬の馬券を買うことはできませんでした。しかし、2016年には日本ダービー馬マカヒキが挑戦したフランスのGⅠ競走である凱旋門賞から、JRAは海外競馬の馬券の発売を開始します。

発売となった背景には、人気馬が海外のレースに出走することで国内競走の売上の減少につながることが挙げられます。その反面、海外の大レースはファンの注目度が

とても高く、日本を代表する馬を応援したいという気持ちがはたらき、売上を期待できるという面もありました。

日本における海外競走の売上ベスト5を見ると、そのすべてが凱旋門賞です。世界最高峰の芝のレースであり、ファンの注目度も高く、当然といえば当然かもしれません。

1位はタイトルホルダーやドウデュースなど4頭の日本馬が挑戦した2022年の64億9599万2800円で、先述のマカヒキが出走した際の売上は歴代4位です。

海外競走における売上ベスト5（2023年10月時点）

※日本国内の馬券の売上

順位	年	レース名（開催国）	売上（円）	出走馬
1位	2022	凱旋門賞（フランス）	64億9599万2800円	タイトルホルダー ステイフーリッシュ ディープボンド ドウデュース
2位	2021	凱旋門賞（フランス）	53億8803万5100円	クロノジェネシス ディープボンド
3位	2023	凱旋門賞（フランス）	42億629万5700円	スルーセブンシーズ
4位	2016	凱旋門賞（フランス）	41億8599万5100円	マカヒキ
5位	2019	凱旋門賞（フランス）	41億5597万9700円	キセキ ブラストワンピース フィエールマン

Part.1

偉業達成で数億円のボーナスを獲得！

競馬では、レースで5着以内に入ったときに獲得する賞金（本賞金）以外に、指定された三つのGIレースを勝つと獲得できる「3冠ボーナス」が存在します。

まず、皐月賞、東京優駿《ゆうしゅん》（日本ダービー）、菊花賞の3歳クラシックを制した内国産馬にはレースの賞金とは別に3億円のボーナスが出ます。また、桜花賞、優駿牝馬（オークス）、秋華賞の3歳牝馬限定のGI競走を制した内国産馬に

3冠ボーナスの獲得馬

〈牡馬3冠〉

年	馬名	騎手
2005	ディープインパクト	武豊
2011	オルフェーヴル	池添謙一
2020	コントレイル	福永祐一

それまでの1億円から2億円の増額となり、2023年からは3億円となった。

〈牝馬3冠〉

年	馬名	騎手
2023	リバティアイランド	川田将雅

2023年からボーナスが新設されたため、リバティアイランドが第1号の獲得馬となった。

は1億円のボーナスが出ます。

古馬のGI競走にも3冠ボーナスがあります。同一年度に大阪杯、天皇賞・春、宝塚記念を勝った場合、あるいは同一年度に天皇賞・秋、ジャパンカップ、有馬記念を勝った場合、内国産馬には2億円、外国産馬には1億円のボーナスが出ます。前者は2017年に大阪杯がGI競走に昇格したことにともない設立され、通称「春古馬3冠」、後者は「秋古馬3冠」と呼ばれます。ただし、春古馬3冠が設立されて以来、これを達成した馬は出ていません。

古馬3冠を達成した馬

〈秋古馬3冠〉

年	馬名	騎手
2000	テイエムオペラオー	和田竜二
2004	ゼンノロブロイ	オリビエ・ペリエ

Part.1

うなぎのぼりの国内最高の賞金額

２０２３年から、ジャパンカップと有馬記念の１着賞金が５億円になりました。この二つのＧＩが日本における最高賞金額のレースです。

増額の理由は好調な売上のほか、外国馬の参戦をうながす（ジャパンカップ）、国内の有力馬の参戦をうながす（有馬記念）という狙いにもとづいています。

ジャパンカップは１９８１年に設立された国際招待競走で、この

ジャパンカップの１着賞金の推移

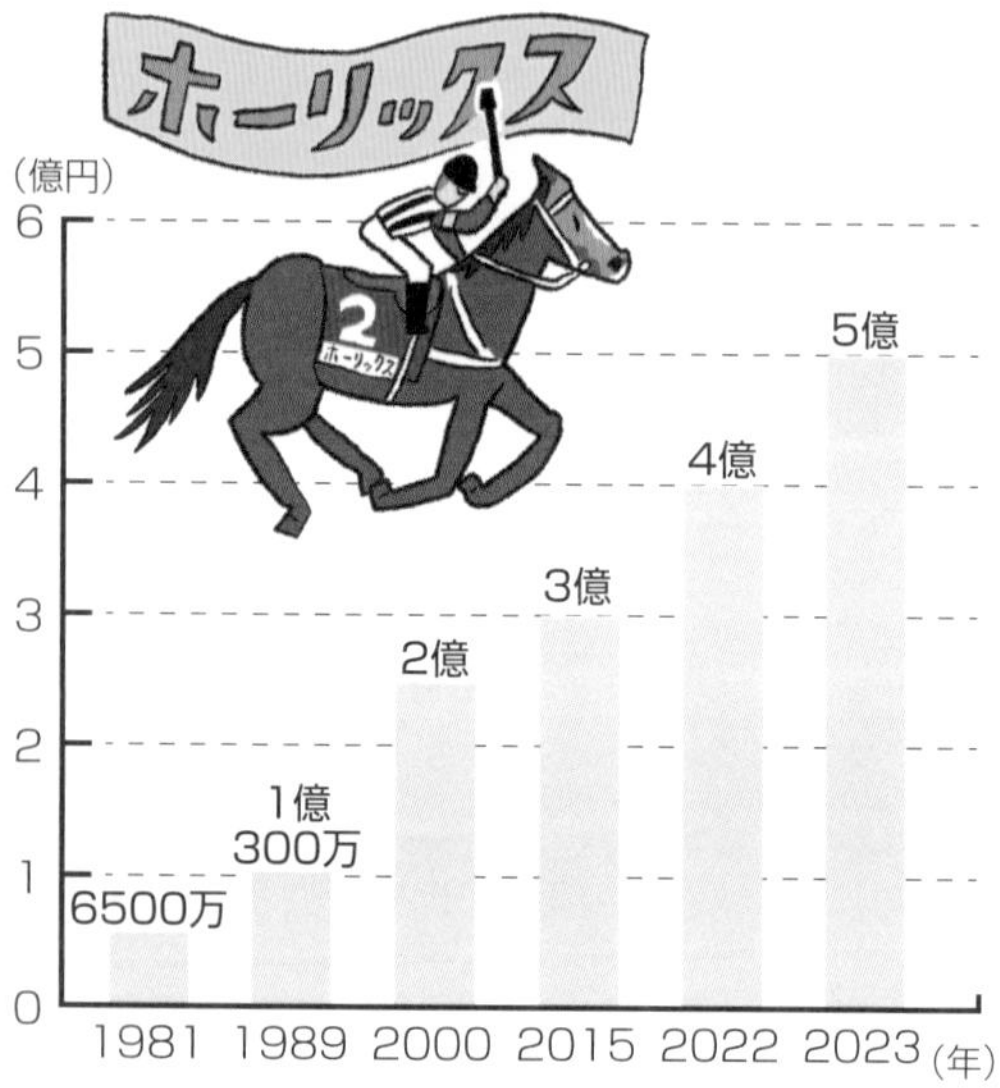

ときの1着賞金は6500万円でした。1億円を超えたのは、ホーリックスとオグリキャップが死闘をくり広げた1989年の第9回からです。

有馬記念が設立されたのは、1956年です（第1回のみ「中山グランプリ」のレース名で実施）。このときの1着賞金は、わずか200万円、現在の貨幣価値に換算すると3600万円程度です。それが、イナリワンが優勝した1989年の第34回から1億円を超えるようになり、その後も上がり続けて現在に至ります。

有馬記念の1着賞金の推移

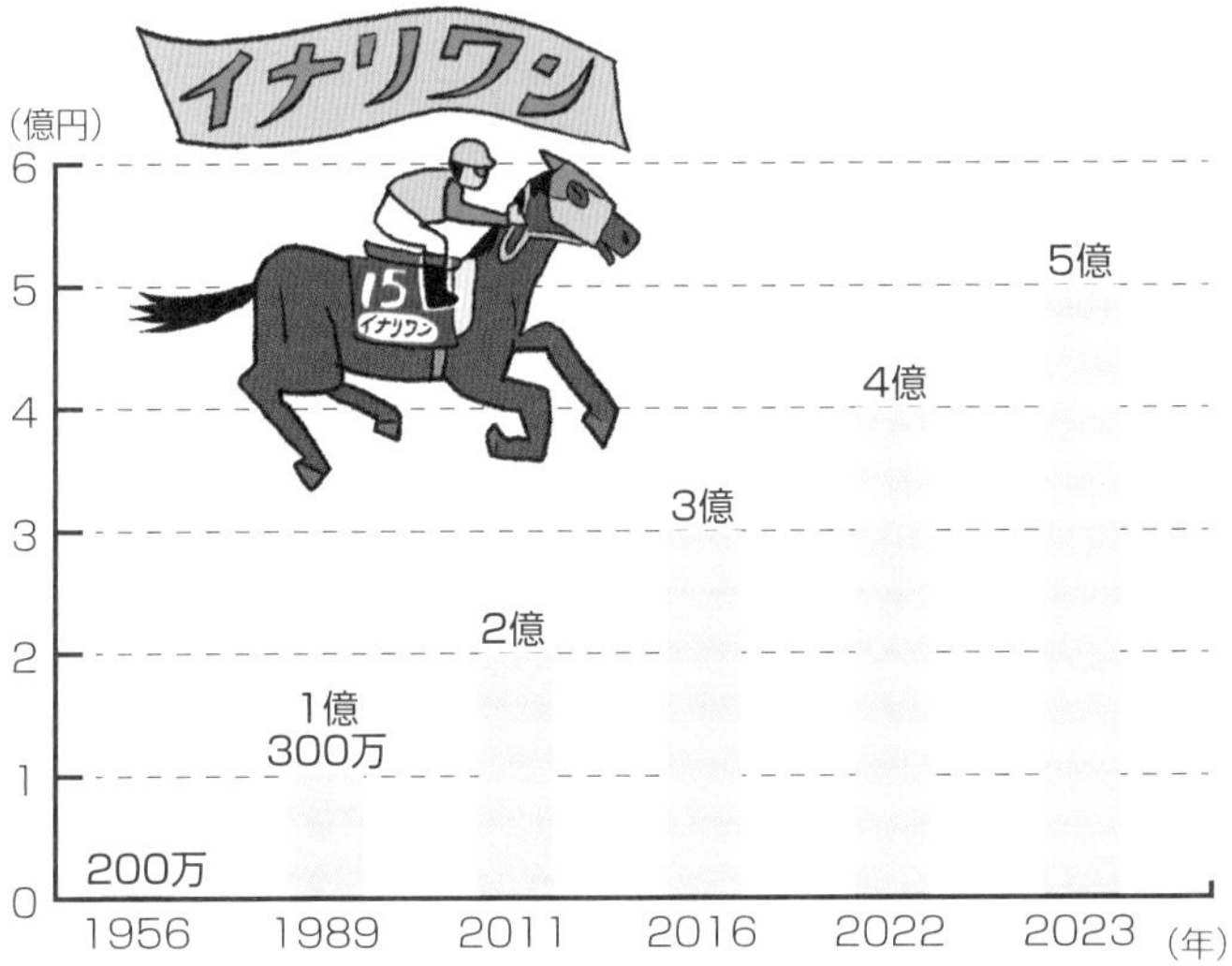

Part.1

1着の世界最高賞金額は10億円超え!?

近年は日本よりも賞金の高い海外競走を狙って積極的に遠征することが当たり前になっています。

最も1着賞金が高額なのは、サウジアラビアのダート1800メートルのGI「サウジカップ」です。その額は約13億1865万円(1000万米ドル)。日本馬のパンサラッサの勝利(2023年)は記憶に新しいでしょう。

次は、アラブ首長国連邦のダート2000メートルのGI「ドバ

世界の1着賞金ランキング
(2023年10月時点)

順位	レース名(開催国)	条件	1着賞金
1位	サウジカップ(サウジアラビア)	ダート1800m	1000万米ドル(約13億円)
2位	ドバイワールドカップ(UAE)	ダート2000m	696万米ドル(約9.4億円)
3位	ジ・エベレスト(オーストラリア)	芝1200m	700万豪ドル(約6.7億円)
4位	有馬記念(日本)	芝2500m	5億円
4位	ジャパンカップ(日本)	芝2400m	5億円

※1米ドル=135円、1豪ドル=95円で換算

イワールドカップ」です。その額は約9億1700万円（696万米ドル）。日本馬では、ヴィクトワールピサ（2011年）とウシュバテソーロ（2023年）が勝利しています。

そして、三つ目が2017年に創設されたオーストラリアの芝1200メートルの「ジ・エベレスト」です。1着賞金は約6億7000万円（700万豪ドル）で、世界で最も賞金の高い芝のレースですが、GⅠに格付けがされておらず、2023年時点で日本馬の出走はありません。

日本馬が制した海外の主な高額レース（60ページのレースを除く）

レース名（開催国）	条件	1着賞金（日本円）	馬名（優勝年）
ドバイシーマクラシック（UAE）	芝2410m	348万米ドル（約4億7000万円）	ハーツクライ(2006)～イクイノックス(2023)まで全4頭
メルボルンカップ（オーストラリア）	芝3200m	440万豪ドル（約4億3000万円）	デルタブルース(2006)
ドバイターフ（UAE）	芝1800m	290万米ドル（約3億9200万円）	アドマイヤムーン(2007)～パンサラッサ(2022)まで全6頭
コーフィールドカップ（オーストラリア）	芝2400m	300万豪ドル（約2億8500万円）	アドマイヤラクティ(2014) メールドグラース(2019)
コックスプレート（オーストラリア）	芝2040m	300万豪ドル（約2億8500万円）	リスグラシュー(2019)
香港カップ（中国）	芝2000m	2016万香港ドル（約3億8300万円）	フジヤマケンザン(1995)～ラヴズオンリーユー(2021)まで全8頭

※1米ドル＝135円、1豪ドル＝95円、1香港ドル＝19円で換算

Part.1

歴代獲得賞金ランキング －国内編－

日本競馬のレースの賞金額は世界でもトップクラスです。その日本の競馬における歴代獲得賞金ランキング1位は、日本調教馬として史上初となる芝のGⅠ級競走を9勝したアーモンドアイです。その獲得賞金総額は19億1526万3900円にもなります。

同馬は芝のGⅠ競走9勝のほかにも、史上5頭目となる牝馬3冠制覇、史上2頭目となる天皇賞・秋の連覇、史上2頭目となるジャ

19億1526万3900円
アーモンドアイ

18億7684万3000円
キタサンブラック

18億4466万3500円
パンサラッサ

パンカップ2勝など、数々の記録を打ち立てています。2019年には海外GI競走のドバイターフも制しています。

2位はキタサンブラックの18億7684万3000円です。同馬は演歌歌手の北島三郎氏が実質的な馬主（正式には有限会社大野商事）ということもあり、人気と実力を兼ね備えていました。

3位はパンサラッサの18億4466万3500円です。なお、そのうちの約13億1865万円は、海外GIのサウジカップを制覇して得た1レース分の賞金です。

歴代獲得賞金ランキング（2023年10月時点）

順位	馬名	獲得賞金	GI勝利数
1位	アーモンドアイ	19億1526万3900円	9勝
2位	キタサンブラック	18億7684万3000円	7勝
3位	パンサラッサ	18億4466万3500円	2勝
4位	テイエムオペラオー	18億3518万9000円	7勝
5位	ジェンティルドンナ	17億2603万400円	7勝
6位	イクイノックス	17億918万8100円	5勝
7位	オルフェーヴル	15億7621万3000円	6勝
8位	ブエナビスタ	14億7886万9700円	6勝
9位	ディープインパクト	14億5455万1000円	7勝
10位	ゴールドシップ	13億9776万7000円	6勝

Part.1

歴代獲得賞金ランキング ー世界編ー

世界は広く、日本馬以上に賞金を稼いだ海外馬が3頭だけ存在しています（2023年10月時点）。

その獲得賞金1位は、香港《ホンコン》のゴールデンシックスティです。チャンピオンズマイル3連覇などの偉業を達成した同馬の生涯獲得賞金は約25億7000万円です。香港では競走馬を生産しておらず、所属する競走馬のほとんどがセン馬です。そのため、種牡馬入りすることなく、長く現役生活を続け

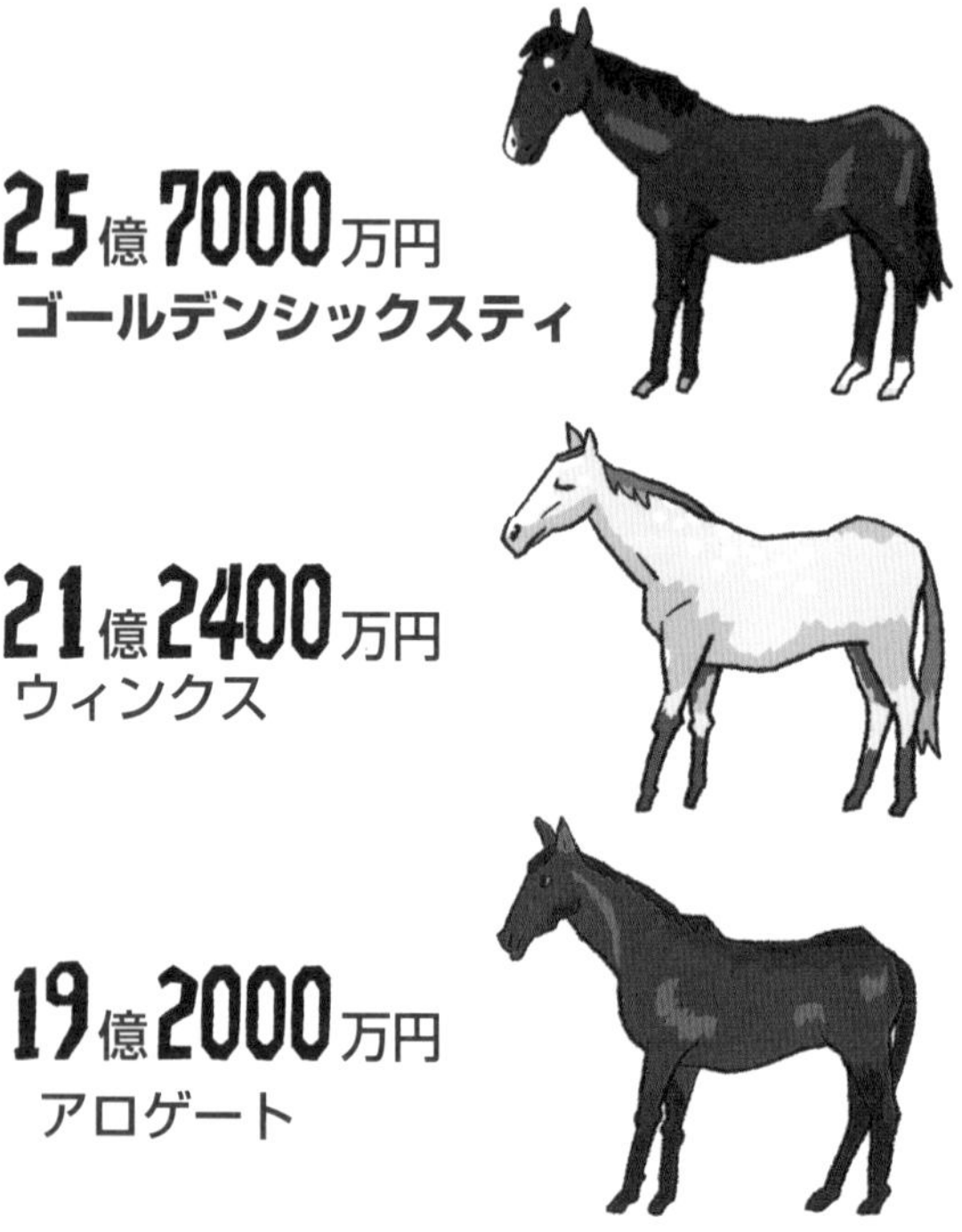

られる結果、多額の賞金を獲得できたという事情があります。

2位はオーストラリアの名牝ウィンクス。獲得賞金は約21億2400万円です。同馬はGⅠ競走を何と25勝もしており、これはGⅠレース勝利数として世界歴代1位の記録です。以上の2頭はいずれも海外遠征をしておらず、国内レースのみで賞金を稼ぎました。

3位のアメリカのアロゲートは国内のGⅠ競走をはじめ、ドバイワールドカップなど海外のGⅠ競走でも勝利し、約19億2000万円を獲得しました。

世界の獲得賞金ランキング（2023年10月時点）

順位	所属	馬名	生涯成績	獲得賞金
1位	香港	ゴールデンシックスティ	29戦25勝	約25億7000万円
2位	オーストラリア	ウィンクス	43戦37勝	約21億2400万円
3位	アメリカ	アロゲート	11戦7勝	約19億2000万円
4位	日本	アーモンドアイ	15戦11勝	19億1526万円
5位	日本	キタサンブラック	20戦12勝	18億7684万円
6位	日本	パンサラッサ	26戦7勝	18億4466万円
7位	日本	テイエムオペラオー	26戦14勝	18億3519万円
8位	アメリカ	ガンランナー	19戦12勝	約18億1000万円

※2023年10月時点ではゴールデンシックスティ、パンサラッサのみ現役

GⅠ競走を勝ち数億円を稼いだ(外)

外国で生産された競走馬を外国産馬といい、「マル外」（(外)）と表記されます。かつては国内の生産馬を保護する目的で、マル外の馬は3歳クラシックや天皇賞には出られないなど、出走できるレースがかなり限定されていました。

しかし、2000年代以降、制限が撤廃された結果、天皇賞を勝つマル外が現れます。

たとえば、1997年にアメリカで生産されたアグネスデジタル

外国産馬の獲得賞金ベスト5
（2023年時点）

順位	産地（生年）	馬名	獲得賞金
1位	アメリカ（1997）	タップダンスシチー	10億8422万1000円
2位	アメリカ（1999）	シンボリクリスエス	9億8472万4000円
3位	アメリカ（1997）	アグネスデジタル	9億4889万2700円
4位	アイルランド（1996）	メイショウドトウ	9億2133万4000円
5位	オーストラリア（2003）	キンシャサノキセキ	7億8530万6000円

は約２８００万円で購入され、２００１年の天皇賞・秋をはじめ、ＧⅠ６勝を挙げました。あるいは、１９９９年にアメリカで生産されたシンボリクリスエスは約４０００万円で購入され、２００２年、２００３年の天皇賞・秋を連覇するなど、ＧⅠ４勝を挙げています。

ただ、２００７年のオークスを制したローブデコルテ以降、３歳クラシックと天皇賞を勝ったマル外は出ていません。そもそもマル外の数が減少傾向にあるうえ、海外から種牡馬や繁殖《はんしょく》牝馬を買いつける動きが進んでいます。

JRA登録の外国産馬の推移

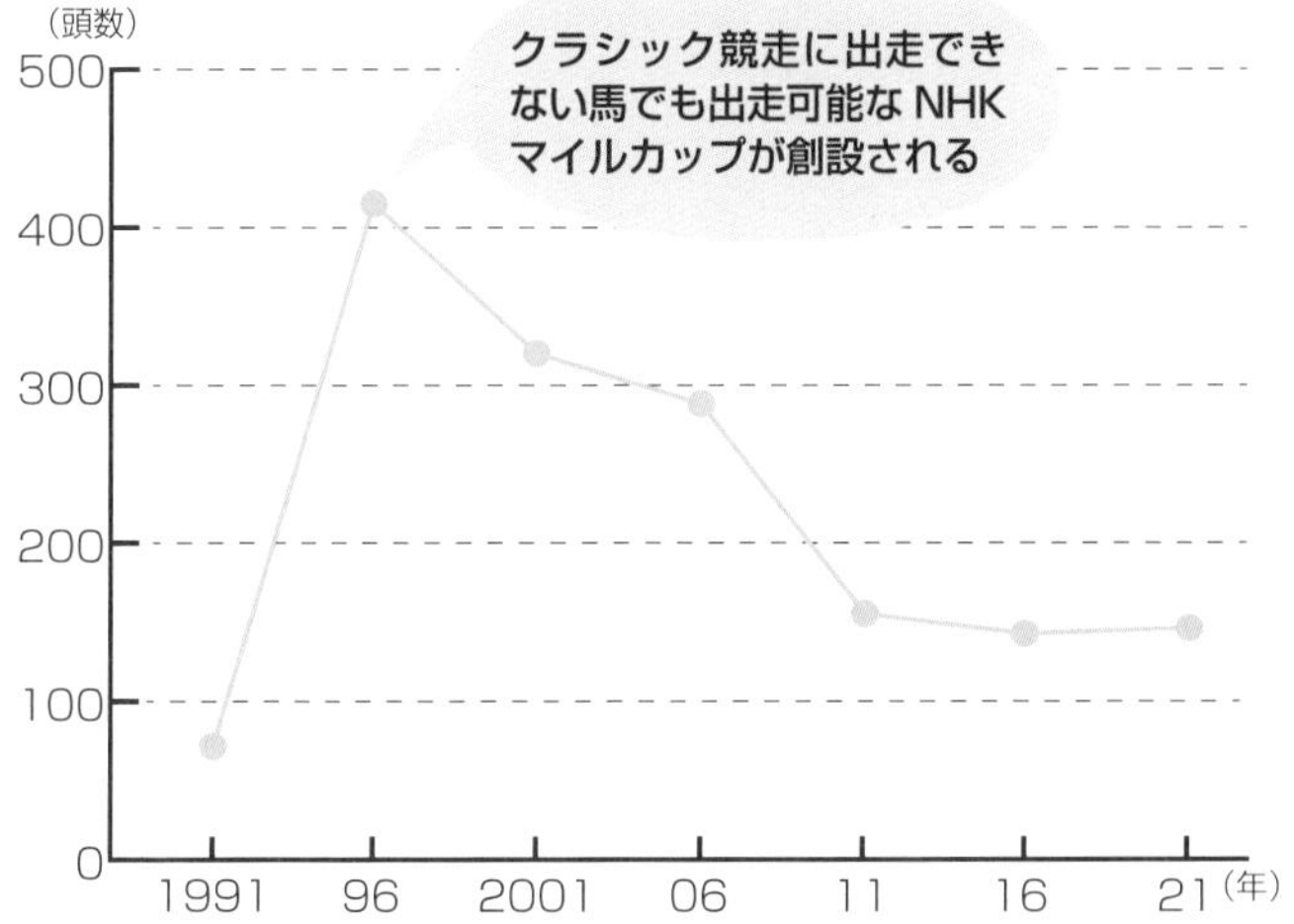

公益社団法人 日本軽種馬協会の生産関連統計『年次別サラブレッド輸入頭数』をもとに作成

Part.1

獲得した賞金は関係者で配分

中央競馬では、基本的に8着までに入った出走馬に、何らかの賞金が入ります。そして、その賞金のうち80%を馬主が受け取り、残りの20%を調教師、騎手、厩務員で分け合います。

形式的には、いったん馬主が賞金の全額を受け取り、そのなかから報酬《ほうしゅう》として20%を調教師、騎手、厩務員に払うことになっており、これを「進上金《しんじょうきん》」といいます。20%の配分は、平地競走の場合、調教

賞金の配分

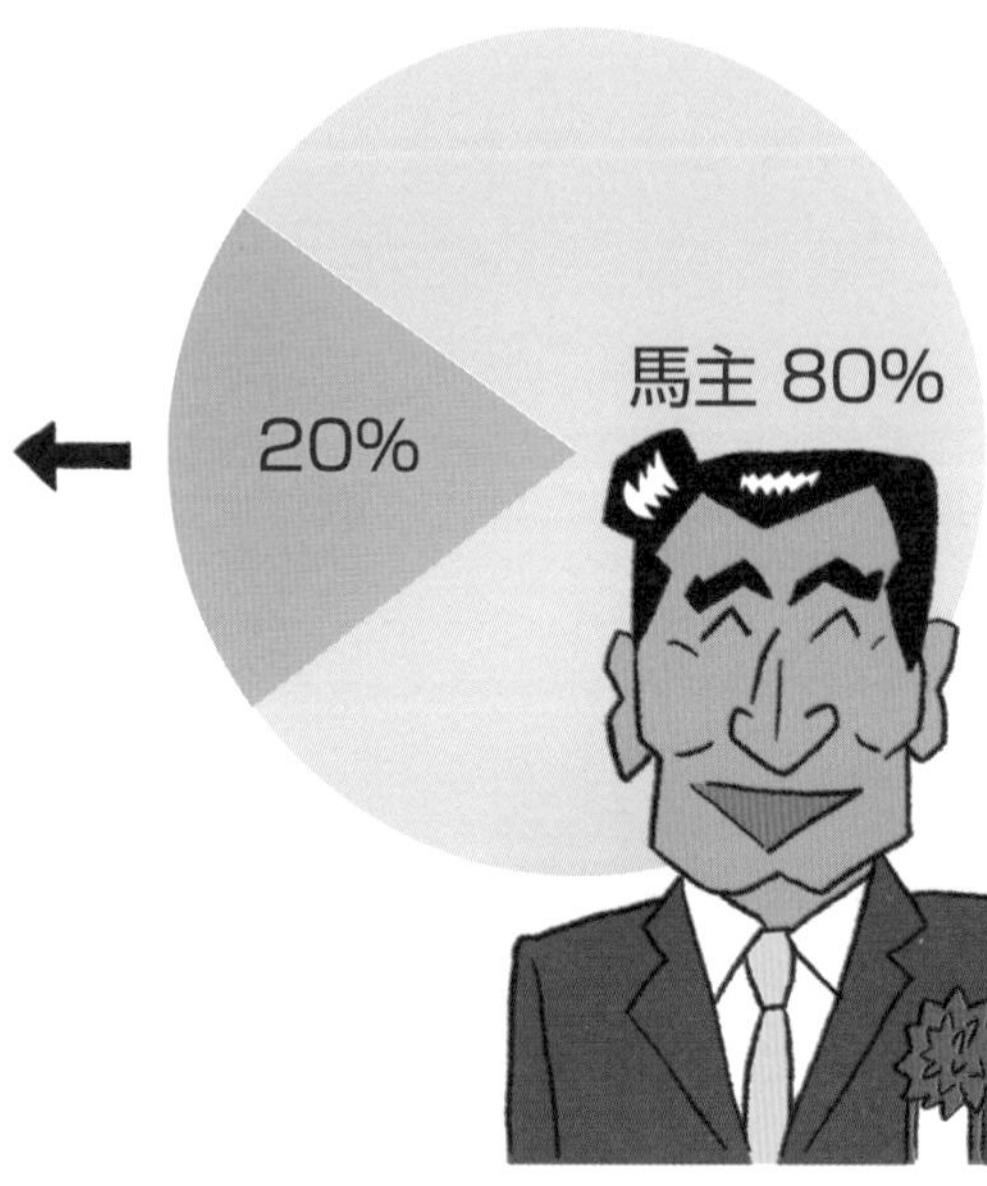

師が10％、騎手が５％（障害競走では７％）、厩務員が５％です。

たとえば、賞金が1億円だった場合、馬主が８０００万円、調教師が１０００万円、騎手が５００万円、厩務員が５００万円受け取ることになります。ただし、厩舎によっては、賞金を獲得した出走馬を担当していた厩務員が５％のすべてを受け取るのではなく、一部を厩舎に所属している厩務員全員に分配することもあります。

なお、配分の割合に違いこそあれ、地方競馬でも海外競馬でも進上金という仕組みは存在します。

進上金の配分（平地競走の場合）

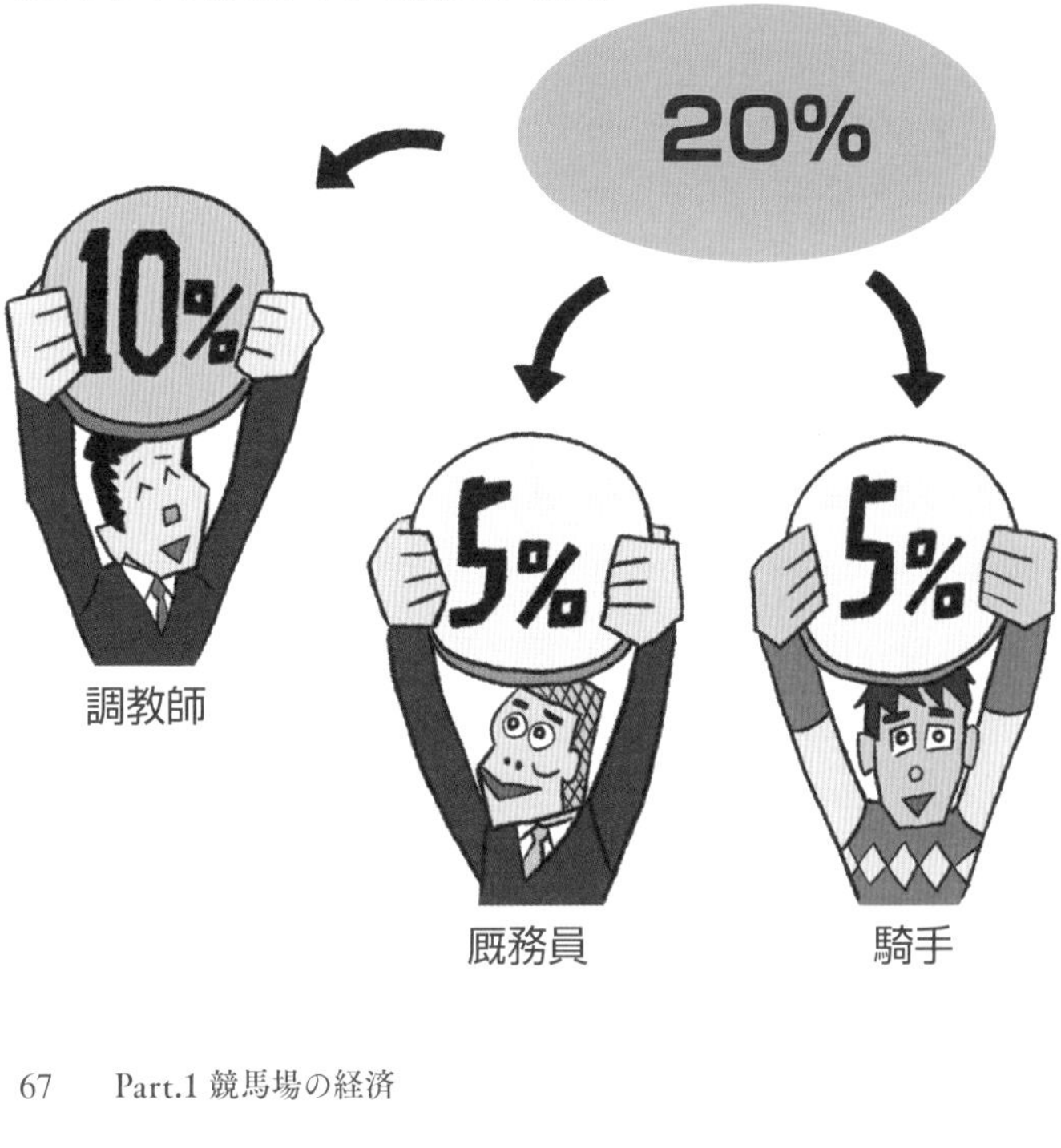

Part.1

出走に対する関係者への手厚い手当て

たとえレースに出走して上位に入らなくても、レースを成立させている騎手や馬主、厩舎などに、さまざまな手当が支払われています。

騎手の場合、騎乗1回につき1万6000円の「騎手奨励《しょうれい》手当」が支給されます。それが平地競走の場合、GIなら一律6万4500円、GI以外の重賞競走では一律4万4500円、そのほかの競走でも一律2万7500円の「騎乗手当」がさらに支給されます。

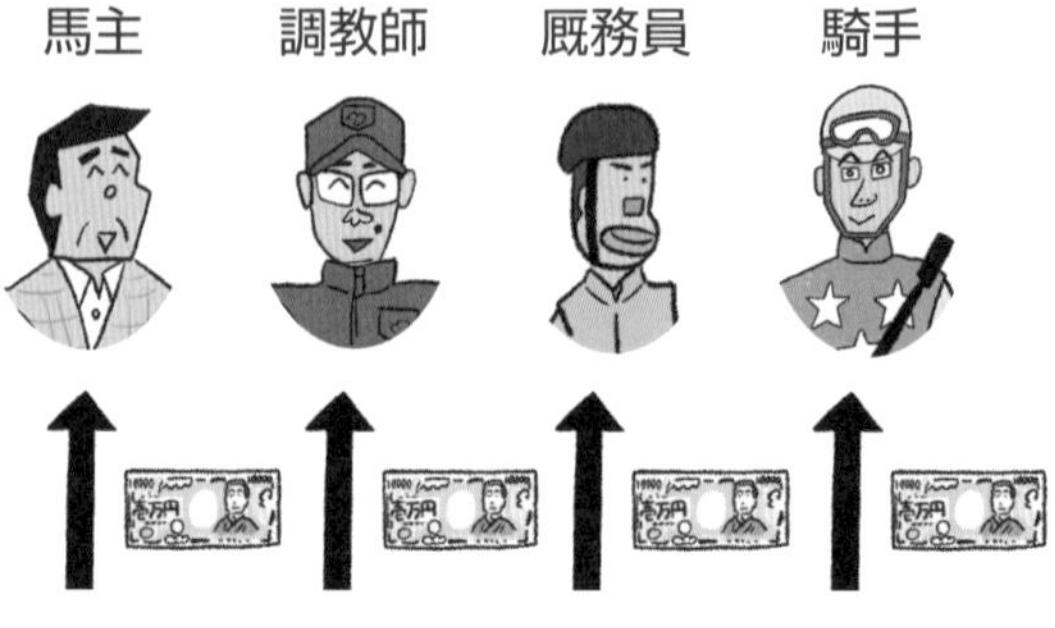

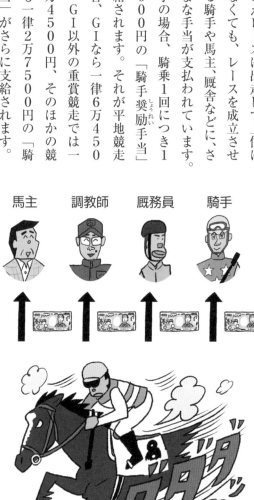

平地よりも落馬などの危険性が高い障害競走では騎乗手当の額が上がります。

調教師には「調教師出走奨励金」や「厩舎運営奨励金」、厩務員または調教助手には「厩務員出走奨励金」などが支給されます。ただ、管理する出走馬がレースでタイムオーバーになると、これらの奨励金が交付されない場合もあります。

とはいえ、「特別出走手当」をはじめ、最も手厚い手当を受け取れるのは馬主です。くわしくは164ページで紹介しています。

関係者への主な手当の一覧表（1レースにつき）

〈馬主向け〉

特別出走手当	47万円

〈調教師向け〉

調教師出走奨励金	4000円

〈厩務員向け〉

厩務員出走奨励金	9600円
厩舎運営奨励金	11万5000円

〈騎手向け〉

騎乗手当		
平地競走	ＧＩ競走	6万4500円
	そのほかの重賞競走	4万4500円
	そのほかの競走	2万7500円
障害競走	Ｊ・ＧＩ競走	14万6500円
	そのほかの重賞競走	11万6500円
	そのほかの競走	8万6500円
騎手奨励手当		1万6000円

Part.1

管理馬の活躍で変わる調教師の年収

調教師の仕事は競走馬を管理するだけでなく、調教助手や厩務員を指導したり、入厩や出走に関して馬主と相談したり、牧場やセリ市におもむいて走りそうな馬を見つけるなど、多岐にわたります。

2023年現在、JRAにはおよそ1700人を超える調教師が所属しています。その調教師の平均年収は約1200万円です。とはいえ、厩舎に所属する馬が活躍すると、それだけ収入も増えるため、

年収は平均の何倍にもなることになります。

　また、厩舎の成績が上がると馬房数も増え、馬主からより多くの有力馬を預けられることにもつながり、さらなる収益アップが見込めます。その反面、厩務員をはじめスタッフを増やし、設備を整える必要もあるなど、高い管理能力が問われます。これこそ調教師が〝経営者〟ともいわれる所以《ゆえん》です。

　2022年度の成績でトップは矢《や》作《はぎ》芳《よし》人《と》厩舎で59勝、馬房数は30で最多です。一方、1桁勝利に留まる調教師も50人程度います。

リーディングトレーナー（2022年度）

※馬房数のみ2023年度

順位	調教師	所属	馬房数	勝利数	獲得総賞金（2022年度の主な活躍馬）
1位	矢作芳人	栗東	30	59	12億7726万7000円（パンサラッサ）
2位	清水久詞	栗東	28	52	10億2304万1000円（ホッコーメヴィウス）
3位	中内田充正	栗東	26	48	12億1215万7000円（セリフォス）
4位	杉山晴紀	栗東	24	47	11億7224万5000円（ジャスティンパレス）
5位	池江泰寿	栗東	30	47	14億5371万8000円（ジャンダルム）

Part.1

歴代の最多賞金獲得調教師ランキング

JRAでは、その年に獲得した賞金が一番多かった調教師を「(JRA賞) 最多賞金獲得調教師」として表彰しています。

歴代の記録を見ると、中央、地方、海外を合わせた1年間の賞金総額が最も高かった調教師は、2021年の矢作芳人調教師です。中央での獲得賞金は16億5818万円でしたが、アメリカのブリーダーズカップにおいて、ラヴズオンリーユーとマルシュロレーヌが

優勝しており、この結果も含めた獲得賞金は25億1615万3500円でした。

矢作師は厩舎の開業以来、「一銭でも多くぶんどる」をモットーに掲げ、その信念にもとづき、高い経営力を発揮し、歴代の最多賞金獲得調教師としてその名を何度も刻んでいます。

2位は2011年の池江泰寿調教師で、この年にオルフェーヴルがクラシック3冠を達成しました。3位は2004年の藤沢和雄調教師で、この年にゼンノロブロイで秋古馬3冠を達成しました。

最多賞金獲得調教師ランキング（2022年時点）

順位	年度	調教師	獲得賞金（海外含む）	主な活躍馬
1位	2021	矢作芳人	25億1615万3500円	ラヴズオンリーユー マルシュロレーヌ
2位	2011	池江泰寿	23億8602万円	オルフェーヴル トーセンジョーダン
3位	2004	藤沢和雄	23億1699万8000円	ゼンノロブロイ ダンスインザムード
4位	2020	矢作芳人	22億6146万円	コントレイル
5位	2019	矢作芳人	22億1424万8900円	リスグラシュー ラヴズオンリーユー

Part.1 ①

厩務員の平均年収

厩務員は、調教師の指示のもとで担当する競走馬の世話をする仕事です。

JRAの厩務員になるには、競馬学校の厩務員課程を卒業しなければなりません。卒業後は、美浦か栗東のトレセンで採用試験を受けて、クリアしたうえでようやく調教師に雇《やと》われてその厩舎で働くことになります。

厩務員の収入は基本的には、調教師からの「給与」＋「担当馬が

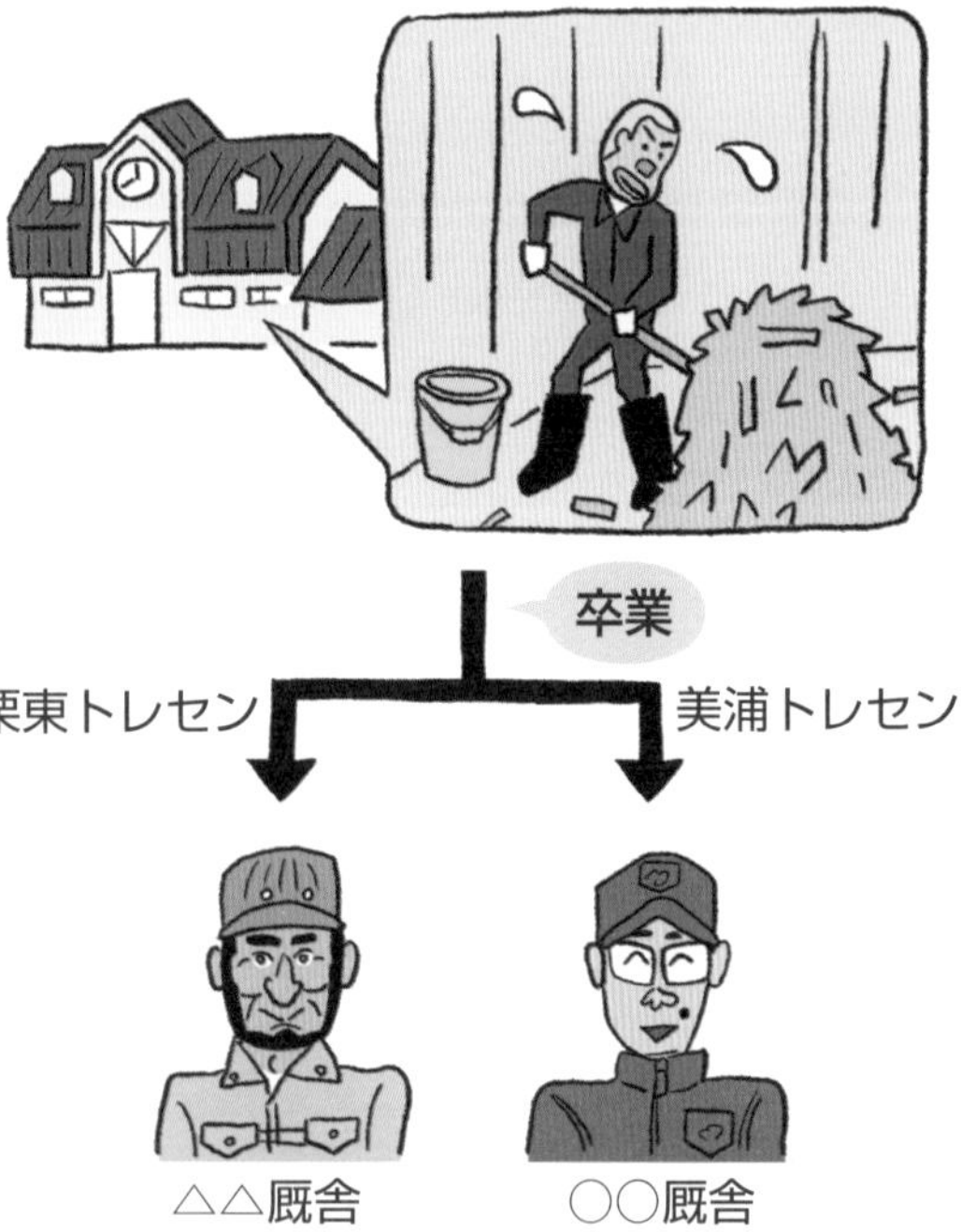

レースで獲得した賞金の5％」（66ページを参照）です。

　JRAの厩務員の平均年収は、約800万円となっています。専門性が高い技術職ということもあって、日本人の2022年度の平均年収458万円とくらべれば高給といえるでしょう。さらには、自分が担当する馬が活躍するのに応じて大きなボーナスが期待できます。

　また厩舎で長年経験を積んで、調教師になるための試験に挑むというキャリアアップの道も模索できます。

原則として1人あたり2頭を担当している。

Part.1

騎手の平均年収

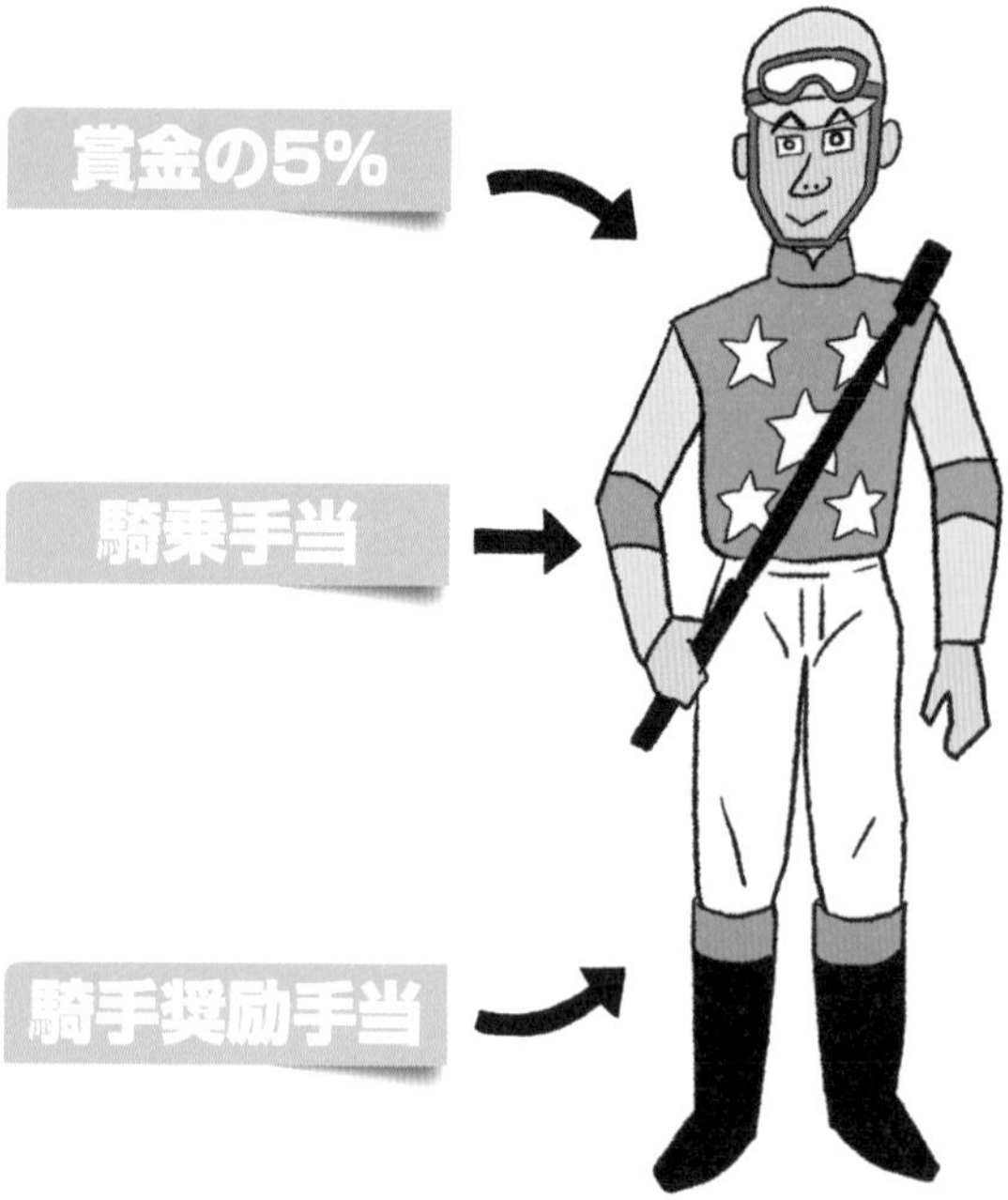

競馬に関わる仕事のなかで、花形といえば騎手でしょう。大観衆を前に1着でゴールする快感は何にもかえられないでしょう。

ＪＲＡに所属している騎手の場合、主な収入源はレースで獲得した「賞金の５％」、レースに騎乗した際に支給される「騎乗手当」、そして「騎手奨励手当」です。その平均年収は１０００万円ほど。トップジョッキーともなれば、年収１億～２億円を稼いでいます。

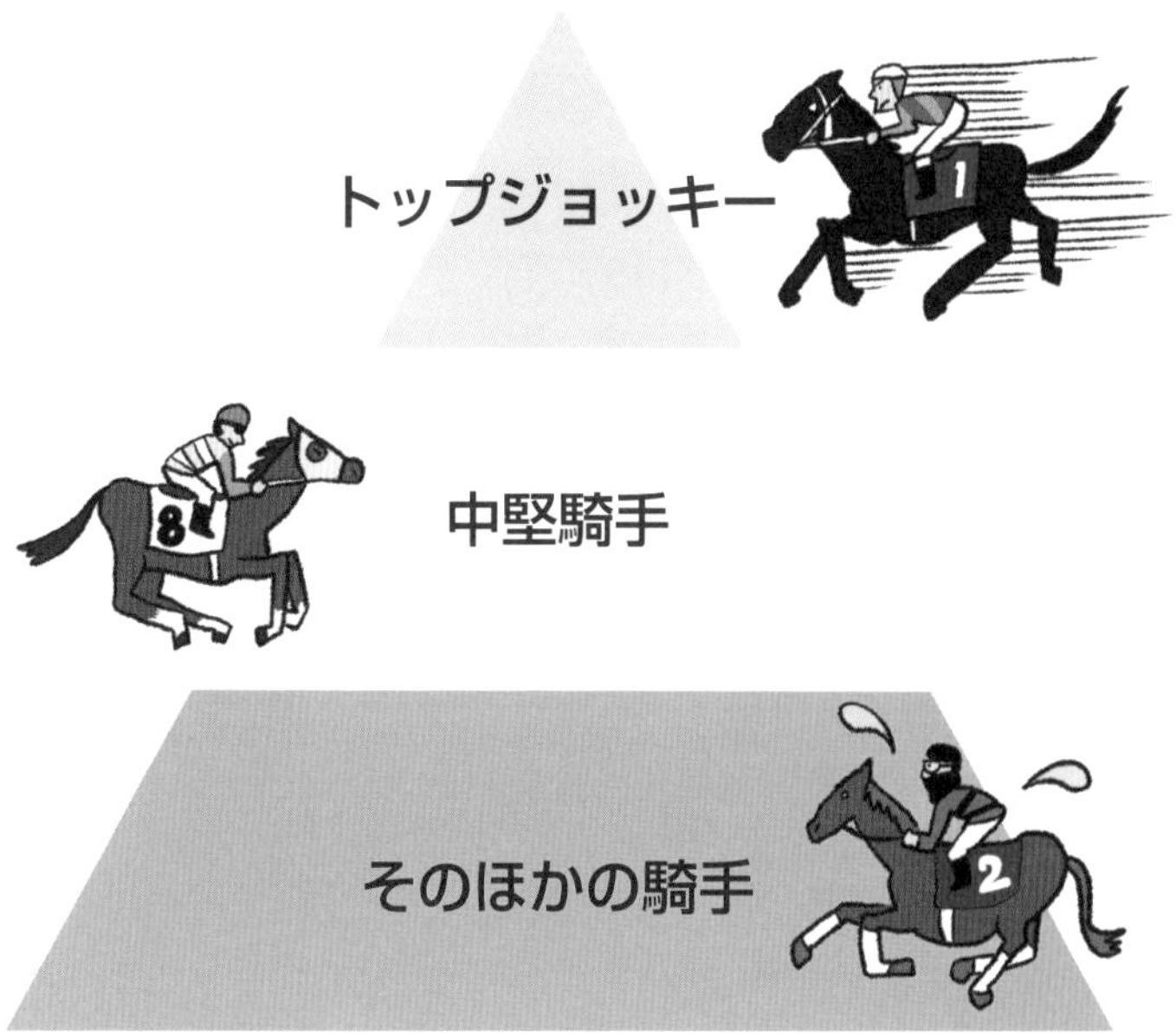

ただ、そこまで稼げる騎手はひと握りです。JRAに所属している騎手は2023年現在約150人ですが、1年間で勝利数が1桁、あるいは1勝もできない騎手が何十人もいます。それでもレースに騎乗できれば、騎乗手当などで数万円が得られます。

ただし、厩舎に所属していないフリーの騎手で騎乗する機会が得られなければ、日々の調教で得られる1回数千円の「調教手当」が主な収入源となります。そうした〝調教パートナー〟ともいうような騎手も数多くいます。

Part.1

競馬学校で学ぶための費用

中央競馬の騎手になるためには、ＪＲＡが運営する「日本中央競馬会競馬学校」（通称・競馬学校）に、地方の騎手なら地方競馬全国協会（ＮＡＲ）が運営する「地方競馬教養センター」に入学して、卒業しなければなりません。

　競馬学校の騎手課程は3年間です。以前はその3年間の費用として、学費約２１０万円、騎乗装具、制服などが約50万円、食費約１２０万円がかかっていました。しか

費用の負担の変化

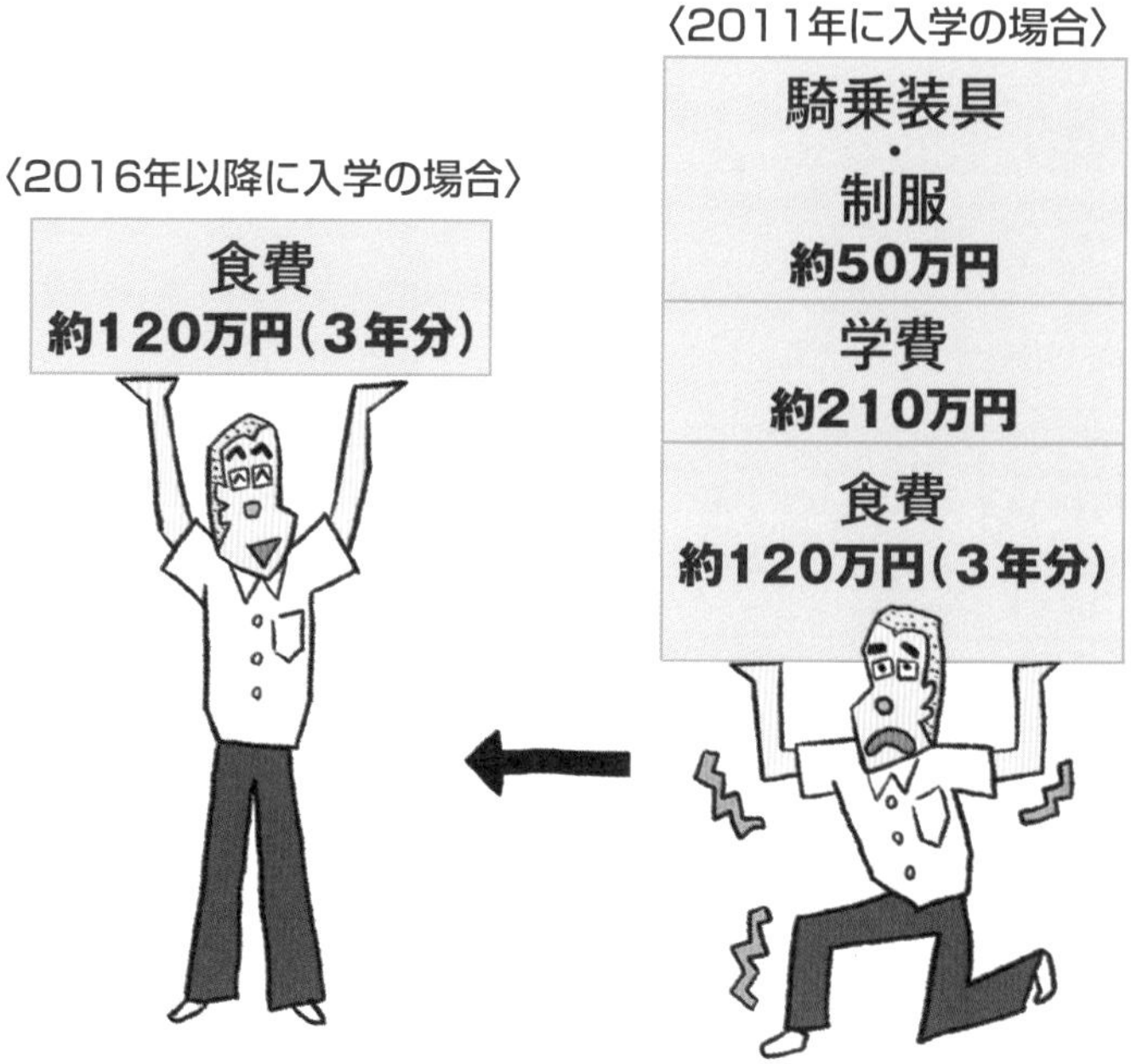

し、2016年から食費以外は無料です。これは、幅広く騎手志望者を募り、優秀な騎手候補を選抜したいという狙いがあるためでしょう。

競馬学校の受検者は毎年100～150人いますが、合格率は5％ほどで、狭き門となっています。そのうえ入学したあとでは、体重の管理不足や技術不足などで退学となる場合もあります。

一方、地方競馬教養センターの騎手課程は2年間で、こちらも学費は不要です。2年間の食費約80万円のみかかります。

Part.1

歴代の最多賞金獲得騎手ランキング

その年、中央のレースで稼いだ賞金が一番多かった騎手は「（ＪＲＡ賞）最多賞金獲得騎手」として表彰されます。

過去の金額ベスト3を見ると、1～3位を２０１５年からＪＲＡ所属騎手となったフランス出身のクリストフ・ルメール騎手が独占しています。１位は２０１８年の46億６０２４万円、２位は２０２０年の45億３９１３万円、３位は２０２１年の44億２７６８万４０

ルメール騎手と
牝馬３冠を制した
アーモンドアイ

武豊騎手と
牡馬３冠を制した
ディープインパクト

00円です。

さらにいえば、ルメール騎手は2016年から2021年まで、6年連続で最多賞金獲得騎手を受賞しています。

このルメール騎手に次ぐのが、2005年の武豊騎手が記録した、44億1404万2000円になります。同年の武騎手は、ディープインパクトによるクラシック3冠制覇をはじめ、中央GI6勝、地方統一GIも含めれば（タイムパラドックスやカネヒキリによる）、GI競走を計11勝するなど絶好調でした。

最多賞金獲得騎手の歴代ランキング（2022年度時点）

順位	年	騎手（主な活躍馬）	獲得賞金
1位	2018	クリストフ・ルメール（アーモンドアイ）	46億6023万5000円
2位	2020	クリストフ・ルメール（アーモンドアイ）（グランアレグリア）	45億3913万円
3位	2021	クリストフ・ルメール（グランアレグリア）	44億2768万4000円
4位	2005	武豊（ディープインパクト）	44億1404万2000円
5位	2006	武豊（ディープインパクト）	43億3689万1000円

※中央競馬のみでの獲得賞金を基準とする

Part.1

短期免許で効率的に稼ぐ外国人騎手

外国人騎手が短期免許を取得して日本の競馬で騎乗する制度（最大3カ月）が1994年から始まりました。初期にはオリビエ・ペリエ騎手などが活躍し、強い印象を残しましたが、その後、クリストフ・ルメール騎手やミルコ・デムーロ騎手がＪＲＡ所属となって活躍しているので、以前より短期免許の外国人騎手の印象は薄いかもしれません。

ただ、今も短期免許の外国人騎

短期免許の取得条件

※①～③の条件のいずれかを満たしていること

① 所属国のリーディングで以下の条件を満たしている
② JRAが指定する外国競走（ＧⅠ）を２勝以上している
③ JRAのＧⅠを２勝以上している

※2017年から短期免許の取得条件が下記のように厳格化

国名	リーディングの条件 （　）内はこれまでの条件
イギリス フランス	5位以内 （10位以内）
アメリカ カナダ	5位以内 （30位以内）
アイルランド 香港 オーストラリア	3位以内
ドイツ ニュージーランド	1位

手は活躍しています。２０２２年度の騎手リーディングを見ると、ダミアン・レーン騎手は１６５回の騎乗で獲得総賞金が約10億６２４３万円。クリスチャン・デムーロ騎手は１５２回の騎乗で、獲得総賞金が約８億８４２６万円でした。同じ年のリーディング１位の川《かわ》田《だ》将《ゆう》雅《が》騎手は、５５２回の騎乗で獲得総賞金が約31億５７０９万円です。

このことから、短期免許の外国人騎手は効率面でいえば、日本のトップジョッキーとほぼ同程度、稼いでいるのです。

短期免許を取得しＧⅠ競走を制した主な騎手

人名（国名）	レース名（馬名）
オリビエ・ペリエ（フランス）	JC（ジャングルポケット）
	有馬記念（シンボリクリスエス）
	秋古馬３冠（ゼンノロブロイ）
ミルコ・デムーロ（イタリア）	日本ダービー（ネオユニヴァース）
	有馬記念（ヴィクトワールピサ）
	天皇賞・秋（エイシンフラッシュ）
クリストフ・ルメール（フランス）	有馬記念（ハーツクライ）
	JCダート（カネヒキリ）
	JC（ウオッカ）
クリストフ・スミヨン（ベルギー）	天皇賞・秋（ブエナビスタ）
	JC（エピファネイア）
ライアン・ムーア（イギリス）	JC（ジェンティルドンナ）
	JC（ヴェラアズール）
クリスチャン・デムーロ（イタリア）	桜花賞（アユサン）
	エリザベス女王杯（ジェラルディーナ）
ダミアン・レーン（オーストラリア）	宝塚記念（リスグラシュー）
	マイルCS（セリフォス）
	タスティエーラ（日本ダービー）

Part.1

エージェントの報酬は騎手の取り分から

腕が立つ騎手には複数の騎乗依頼が舞い込んできます。そこで、騎手に代わって依頼者と話し合って騎乗を調整するのがエージェント（騎乗依頼仲介者）です。

１９８０年代に岡部《おかべ》幸雄《ゆきお》騎手が起用したのがはじまりとされていますが、近年までエージェントは非公式な存在でした。しかし、現在ではエージェントとして活動するにはＪＲＡへの届け出が必要となっており、１人のエージェント

エージェントを介した騎乗依頼

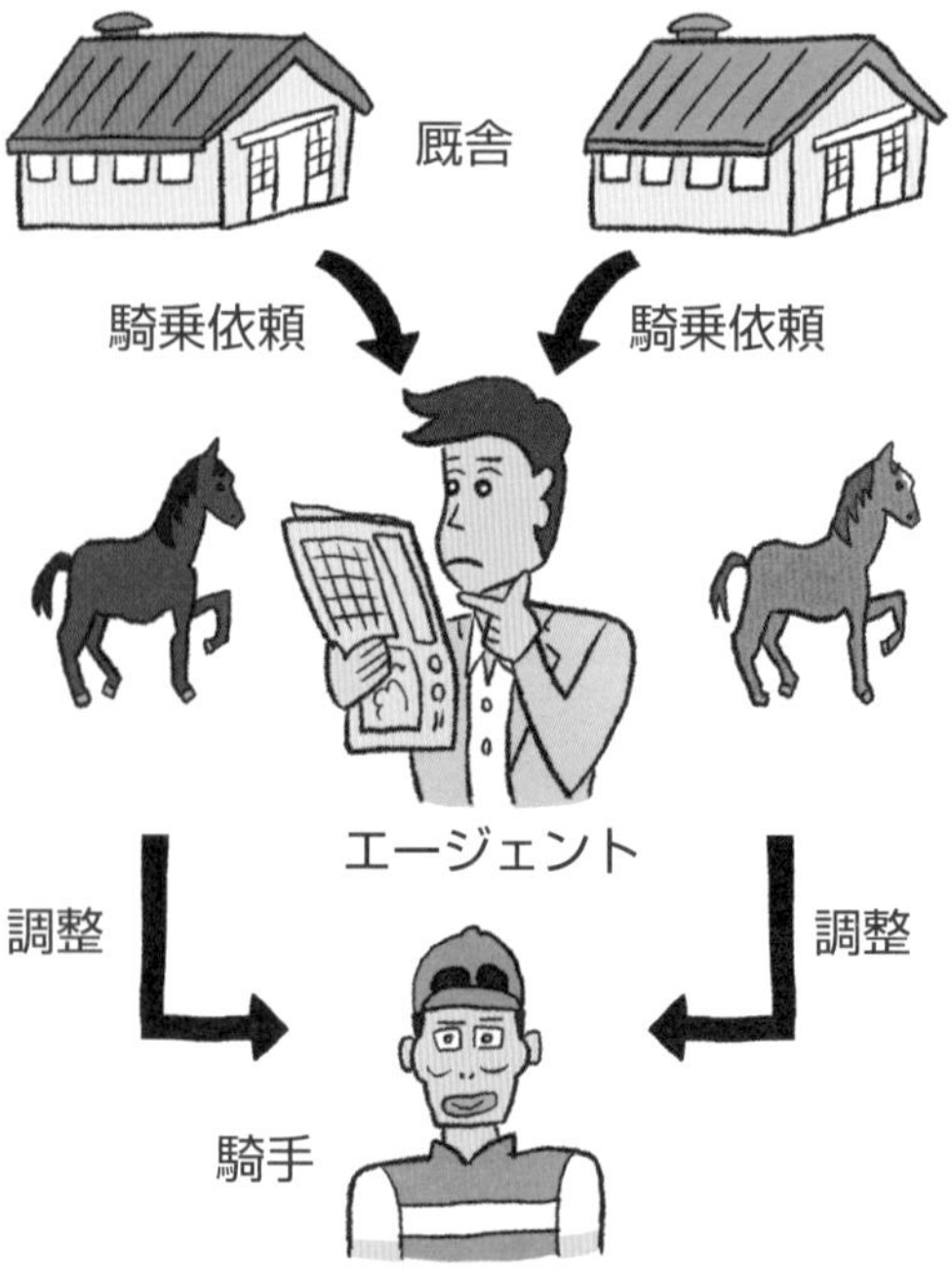

が担当できる騎手は3人+若手騎手1人と決められています。

エージェントの報酬は、騎手の進上金の5%が相場とされ、自分が担当する騎手が1着賞金1億円のレースを勝った場合、騎手の進上金の5%である25万円がエージェントの取り分となります。

担当する騎手がレースを勝つほど、自身の報酬も上がるため、どれだけ良い騎乗馬を集められるかが、エージェントの腕の見せどころです。なお、専門紙のトラックマンが兼業としてエージェントをやっていることが多いです。

エージェントへの報酬の支払い

Part.1

獣医師の平均年収

ＪＲＡで獣医師として働くには、当然、獣医師の資格を取得する必要があります。そのために、獣医学部のある大学で6年間にわたって専門知識を身につけ、そのうえで、ＪＲＡの採用試験を受けて採用されなければなりません。

ＪＲＡに所属している獣医師の仕事は、臨床獣医職と研究職の2種類に分けられます。

レースが開催されていない日の普段の仕事としては、臨床獣医職

は競走馬の病気・外傷の治療と、予防注射や入厩時の検疫《けんえき》です。一方、研究職は競走馬全般に関わる調査や研究業務を行います。そして、レースが開催される土曜と日曜は、出走馬の馬体検査や事故馬の救護・診療などに携わっています。

競走馬の健康の維持に努めるなど、高い専門性が求められる職種なだけあり、年間の給与は1000万円を超えます。

ちなみに、地方競馬所属の獣医師になるという道もあり、年収もJRAとそれほど違わないとされています。

JRA所属の獣医師の年間給与（2022年度）

JRA『役職員の報酬・給与等について 令和4年度』をもとに作成

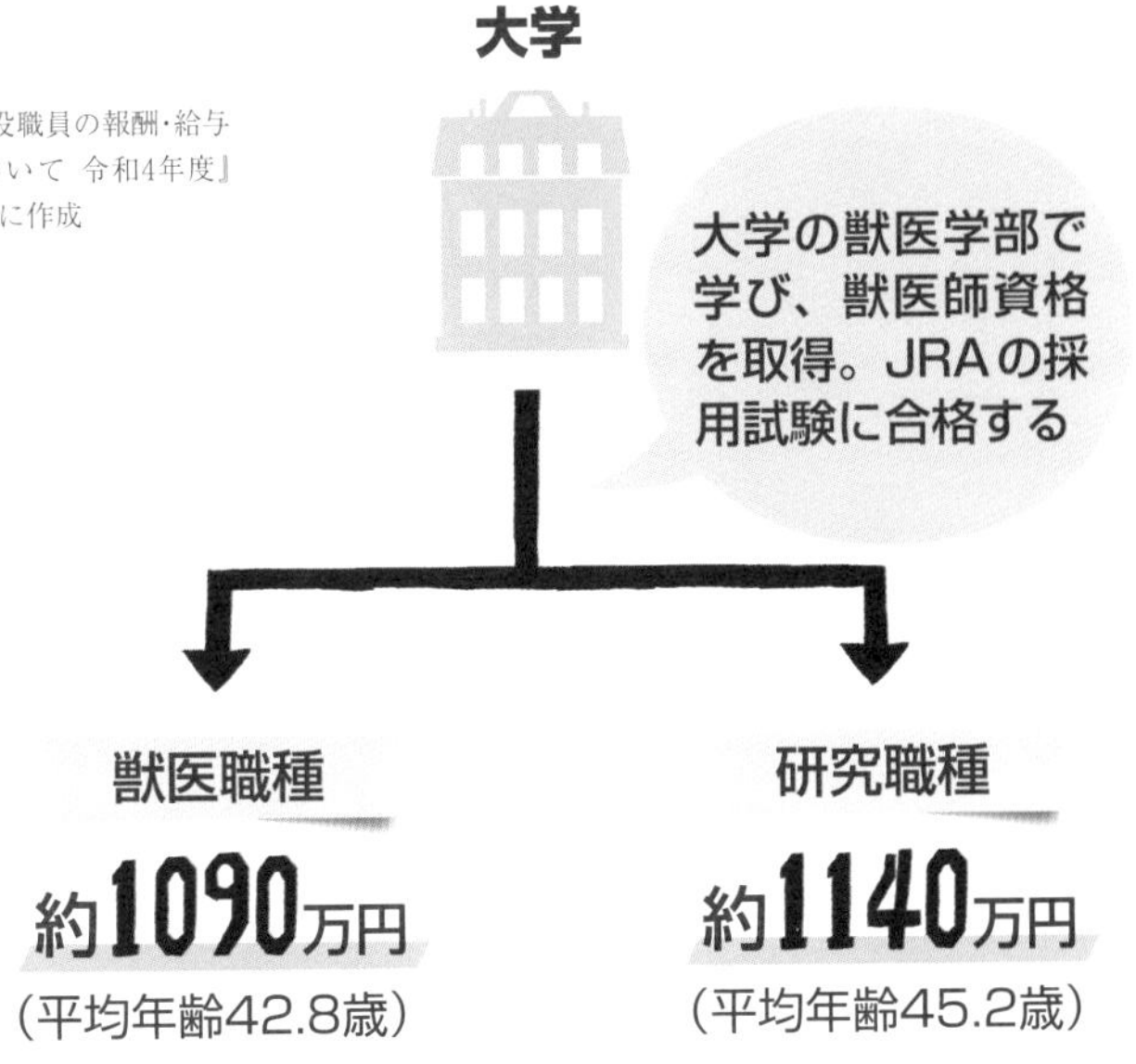

Part.1

装蹄師の平均年収

競走馬が走るうえで欠かせない蹄鉄《ていてつ》をつくり、それを馬に装着させる職業が装蹄師《そうていし》です。

装蹄師は、馬ごとの蹄の形に合わせて蹄鉄をつけるために、蹄を削ります。その作業は、体重500キロ前後もある競走馬に密着するため、危険と隣り合わせであり、専門技術が必要です。

装蹄師になるには、主に日本装削蹄協会が実施している装蹄師認定講習会（約1年間。全寮制）を

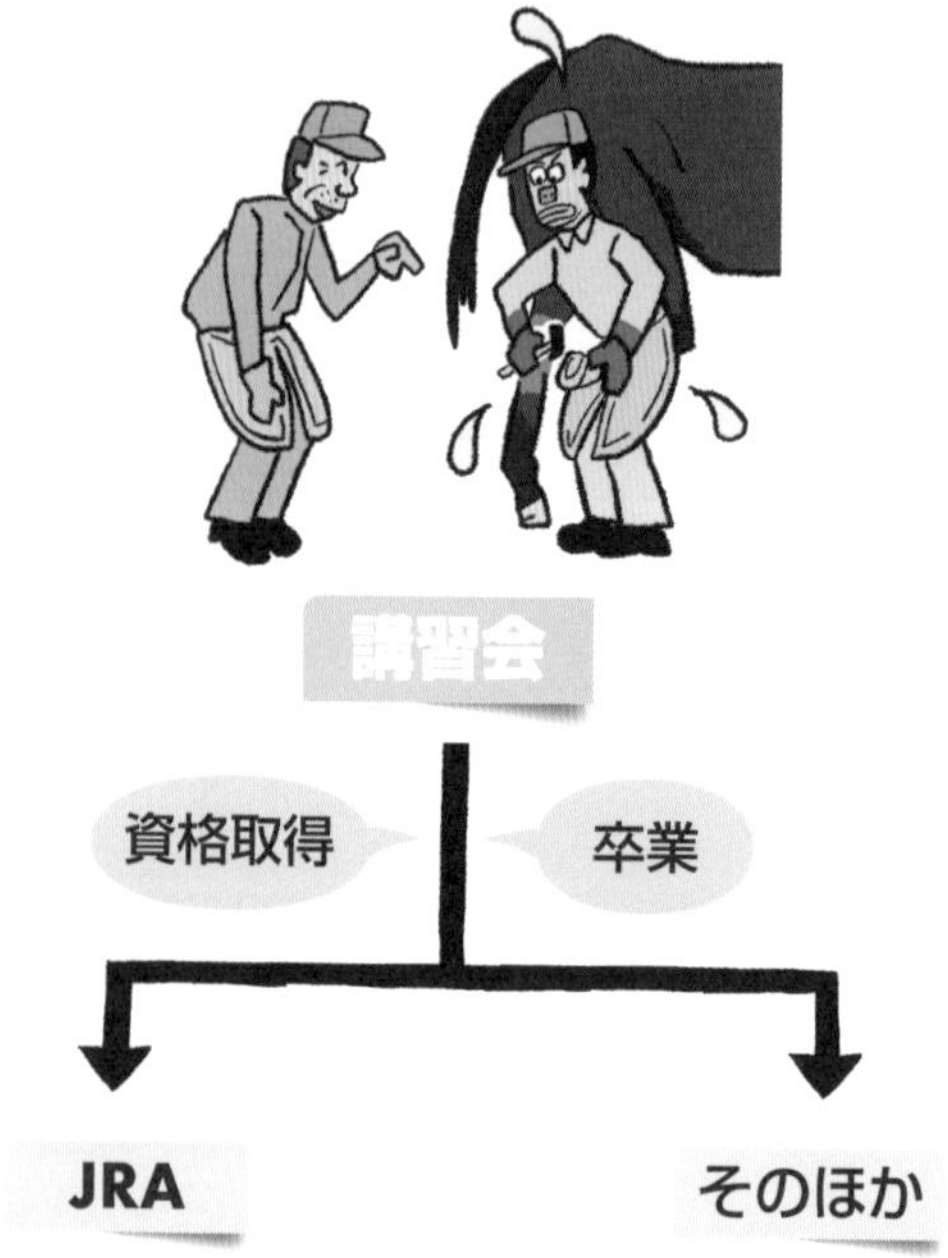

受け、認定試験に合格し、卒業後はＪＲＡ、競馬場、トレセン等で採用されます。

　ＪＲＡに所属している装蹄師の平均年収は、39歳で約８２５万円です。ただ、ディープインパクトの装蹄師も務めた西内荘《にしうちそう》氏など、一流の装蹄師にもなると、年収は１５００万円ほどになるともいわれています。

　この金額だけを見ると高給取りのような印象を受けますが、新人の装蹄師は年収２００万円ほどで、一人前になるには15年程度かかるとされています。

JRA『役職員の報酬・給与等について令和4年度』をもとに作成

Part.1

バブル崩壊後に立ち直った地方競馬

日本の競馬には、ＪＲＡが運営する中央競馬と、各地方自治体や競馬組合が運営する地方競馬の２種類があります。

　最盛期には全国60カ所以上で地方競馬が開催されており、ハイセイコーやオグリキャップなど、日本全体の競馬ブームをけん引することになる活躍馬を何頭も輩出しました。

　売上も好調で、第二次競馬ブーム最中の１９９１年には、地方競

馬全体で９８６２億円もの売上を記録しています。

　ところが、バブルが崩壊すると、地方競馬の売上は激減。それにともない、２０００年代に入って次々と地方競馬場は廃止され、現在は17カ所（実質15カ所）しか残っていません。

　ただ、２０１０年前後から地方競馬の馬券のインターネット発売が普及すると、各地方競馬の業績は回復していきます。２０２２年には過去最高となる１兆７０３億５９６８万３８６０円の売上を記録しました。

地方競馬の売上の推移

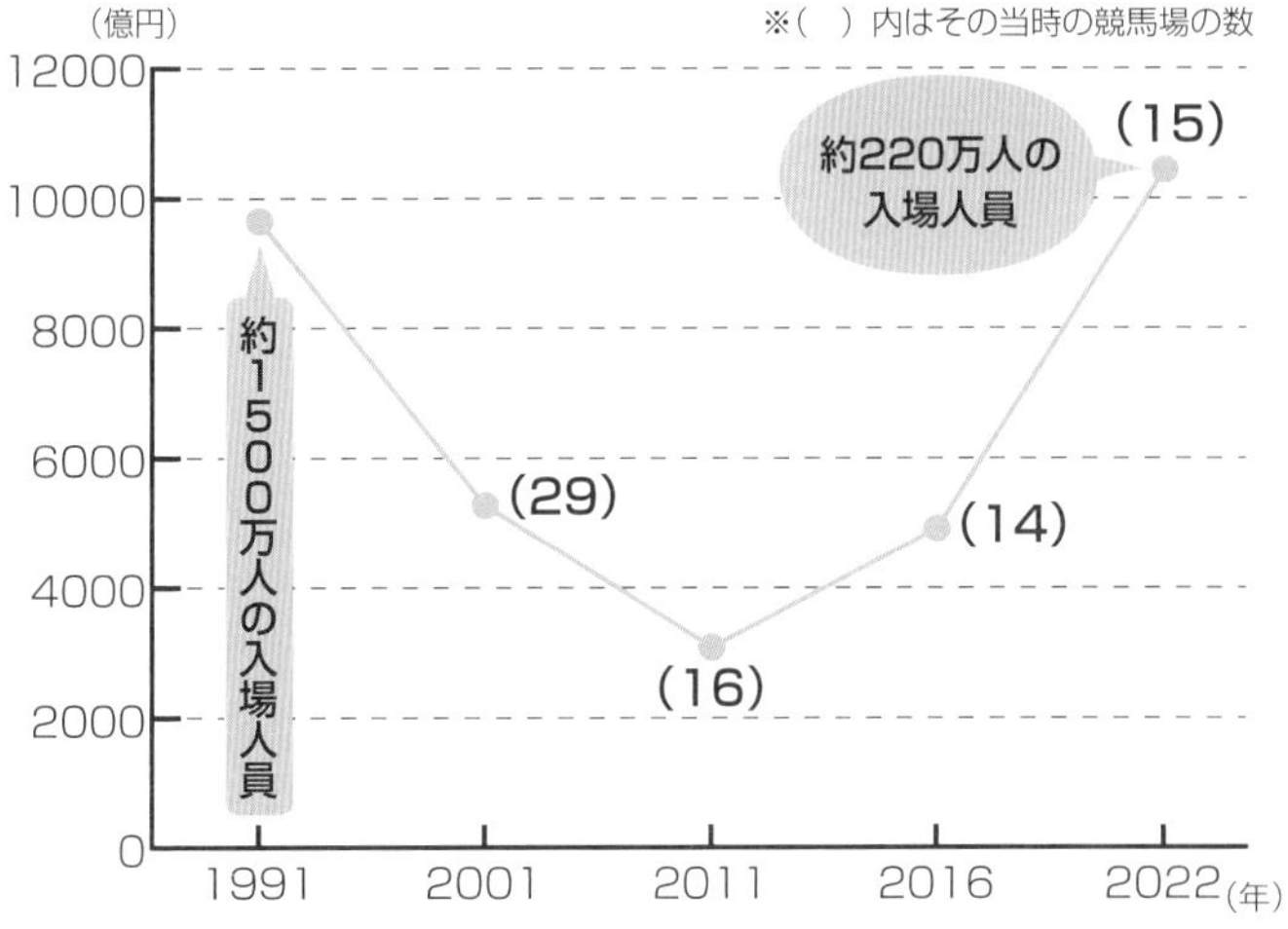

地方競馬全国協会 平成17年11月14日『地方競馬全国協会について』などを参考に作成

Part.1

地方限定「個人協賛レース」のお値段

「○○記念」や「○○特別」といったレース名を自分でつけてみたいと思ったことはないでしょうか。地方競馬では、その夢をかなえることができます。

これは「個人協賛《きょうさん》レース」と呼ばれるもので、1万〜5万円ほど払えば、「○○さん誕生日記念」や「○○家、結婚30周年記念」など、自分の好きなレース名をつけることができます。

この取り組みは、帯広《おびひろ》競馬場（ば

地方競馬の各協賛レース

競馬場	1レースあたりの費用等（対象）
帯広	1万円〜（個人） 3万円〜（企業）
盛岡、水沢	5万3480円〜（企業）
金沢	1万円分の商品券（個人） 2万円分の商品券（企業・団体）
笠松	1万円〜（個人） 5万円相当〜（企業）
名古屋	2万5000円（個人） 10万円（企業）
高知	1万円（個人）
佐賀	1万円〜（個人） 1着賞金の5%以上の物品（企業）

んえい競馬)、金沢競馬場、名古屋競馬場、高知競馬場、佐賀競馬場など、いくつかの地方競馬場で実施されています。

レース名をつけられるということは、当然、スポーツ紙の馬柱《うまばしら》などにもそのレース名が掲載されることになります。

さらには、観覧席が用意されたり、勝ち馬の口取り写真の撮影ができたり、表彰式のプレゼンターができたりするなど、実施している地方競馬場によって、さまざまな特典があることも少なくありません。

「ゲーム理論」と競馬とマーケット

執筆＝渡辺隆裕

ゲーム理論で競馬に勝てる？

私は「ゲーム理論」を研究しています。これは企業や国家間の問題をゲームのようにとらえ、数学を使って分析する理論です。また経済学に限らず、将棋《しょうぎ》やポーカーなどのリアルな〝ゲーム〟に勝つための戦略を分析するのにも使われています。このようなことから、「ゲーム理論は競馬に使えるの？」という質問を受けることもしばしばあります。

しかしながら、ゲーム理論と競馬はあまり関係がありません。ゲーム理論は、相手が2人や3人、せいぜい5、6人のときの考え方です。少人数のゲームでは、相手がどんな戦略を取るかを徹底的に考えながら、自分の戦略を考えることが必要になります。

これに対して、競馬で、隣の人が何に賭《か》けるかを徹底的に考えても意味がないでしょう。競馬では多くの参加者がいるので、隣の人の戦略は自分の勝ち負けにほとんど影響がないのです。

市場の理論とゲーム理論

現代の経済学は、「市場（マーケット）の理論」と「ゲーム理論」の二つの理論からできています。市場の理論は、参加者1人が全体におよぼす影響が無視できるくらいに小さいときの理論で、株式市場などが代表的な対象です。あなたが（大富豪でなければ）株を売買したとして、そのことが株価全体におよぼす影響は無視できますよね？　このような現象は、市場の理論を使って分析します。

これに対して、携帯電話市場や牛丼の価格競争などでは、競合する会社の数が少なく、相手の戦略を徹底的に考えて、各社は

市場の理論	ゲーム理論
参加者が多数	参加者が少数
完全競争市場、 売り手が多数	不完全競争市場、 売り手が少数
古典的な理論	新しい理論
株式市場、野菜や果物の市場	携帯電話市場、航空市場
競馬、ボートレース、 宝くじ、ロト	将棋、チェス、麻雀、ポーカー

意思決定を行います。このような場合は将棋などと同じように、ゲーム理論が使われます。

このことから競馬は株式市場に近く、ゲーム理論ではなく市場の理論で分析されます。実際に、GIで過剰な人気を背負った馬は、期待される業績以上に株価が上がっているバブルな企業と同じように見えます。本命の人気馬が負けたとき、それ以外の馬に賭けて馬券を当てた友人の経済学者は「マーケットに勝った！」と叫んでいました。

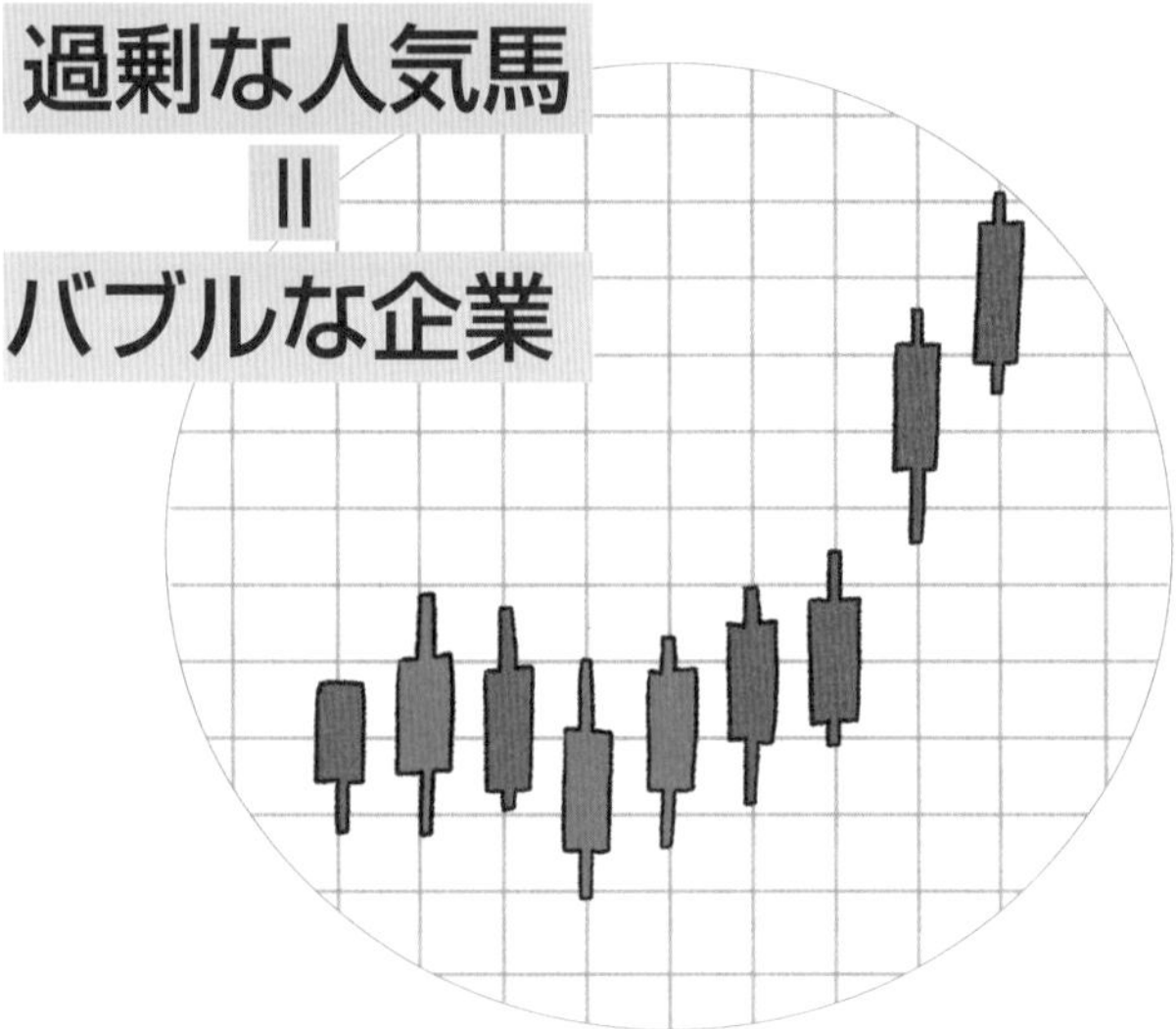

Part.2
牧場の経済

Part.2

ピーク時は年間1万頭以上が誕生！

競馬の主役といえば、何といっても競走馬です。その競走馬は1年間に何千頭も生産されています。1955年からの生産頭数のデータを見ると、50年代は2000頭台でしたが、60年代に入ると生産頭数が伸びはじめます。

そして、70年代半ばから90年代後半にかけて1万〜1万2000頭前後となり、最盛期を迎えました。以降は少し落ち着き、ここ10年の間は7000頭弱から8000

公益社団法人 日本軽種馬協会の生産関連統計『年次別生産頭数』をもとに作成

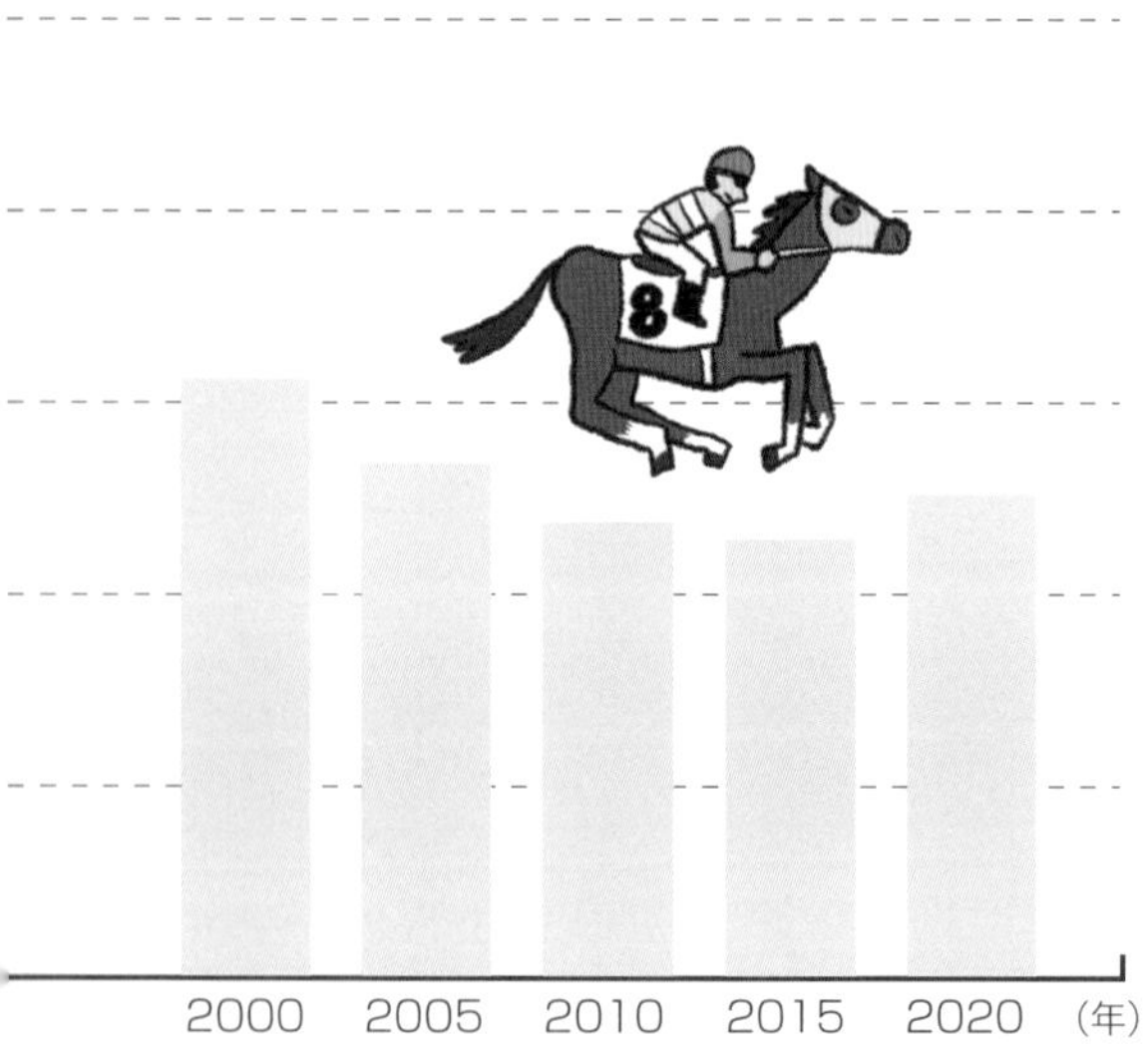

0頭弱で安定しています。生産頭数の低下の大きな原因の一つは生産牧場が次々と廃業したことでしょう。

そこでJRAは、競走馬が安定的に生産されるように、年間100億円ほどの予算を投じて、競走馬の生産振興事業に取り組んでいます。

具体例を挙げると、「日本軽種馬《けいしゅば》協会による優良種牡馬の導入」や「軽種馬生産者における優良繁殖牝馬の導入に対する助成」「資材高騰対策」などです。

生産頭数の推移（サラブレッド系とアラブ系）

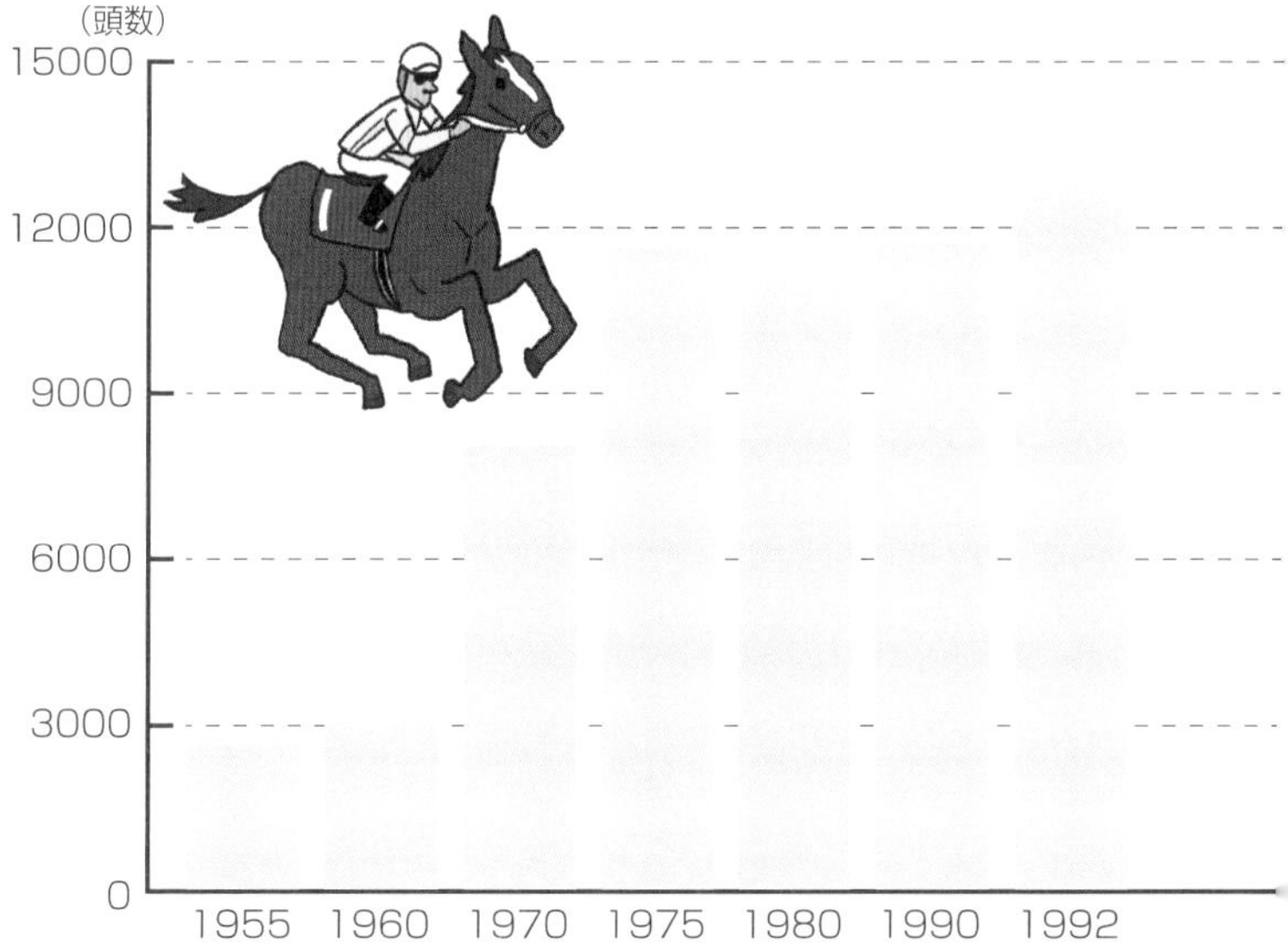

Part.2

20年前とくらべて半減した生産牧場

軽種馬（競馬や乗馬に用いられる種類。代表的な種類がサラブレッド）を生産する（繁殖牝馬を繋養《けいよう》する）生産牧場は、2001年には全国に1579軒ありました。このうち、北海道は1303軒、それ以外の都府県は276軒でした。

しかし、2022年には全国の生産牧場数は766軒と半減。このうち北海道が695軒で、それ以外の都府県が71軒となっており、

減少する生産牧場

全国／1579軒（2001年度）

北海道／1303軒　都府県／276軒

↓

全国／766軒（2022年度）

北海道／695軒　都府県／71軒

〈北海道の軽種馬の生産頭数（2022年度）〉

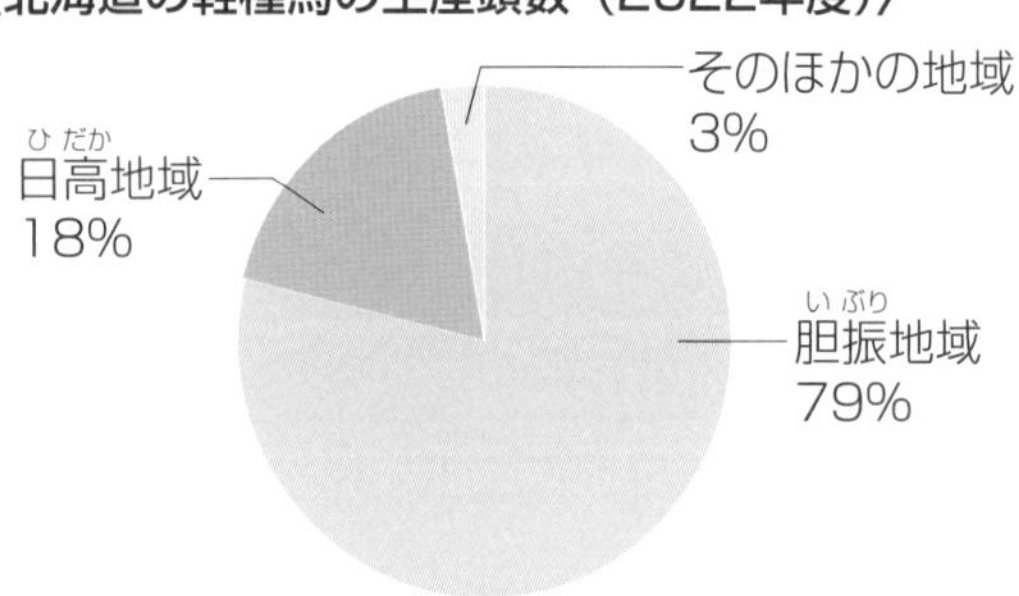

令和5年6月 農林水産省畜産局競馬監督課
『馬産地をめぐる情勢』をもとに作成

北海道以外の生産牧場は約4分の1にまで減少しています。

その一方で、競走馬の生産頭数は2001年から2022年までの間で7000頭弱から9000頭強を前後しており、とくにここ10年はあまり変化がありません。

これらのことからわかるのは、競走馬の生育に適した環境が整っている北海道では生産が維持され、その北海道でも、中小の生産牧場が減少傾向にあるのに対し、資金力のある大手の生産牧場が、ますます生産性を高めているということです。

Part.2 競走馬の生産で利益を出すのは大変!?

　前のページで紹介したように、競走馬の生産牧場の数は減少傾向にあるのが実情です。

　競走馬1頭を生産するのにかかる費用は、2021年度は平均605万円でした。一方、その生産した1頭の産駒《さんく》を売って得られた粗利益の平均は727万円で、そこから家族労働費を抜いた生産費を引いて得られる所得は249万円でした。これは、1頭生産すると249万円の利益が得られると

生産費の主な内訳

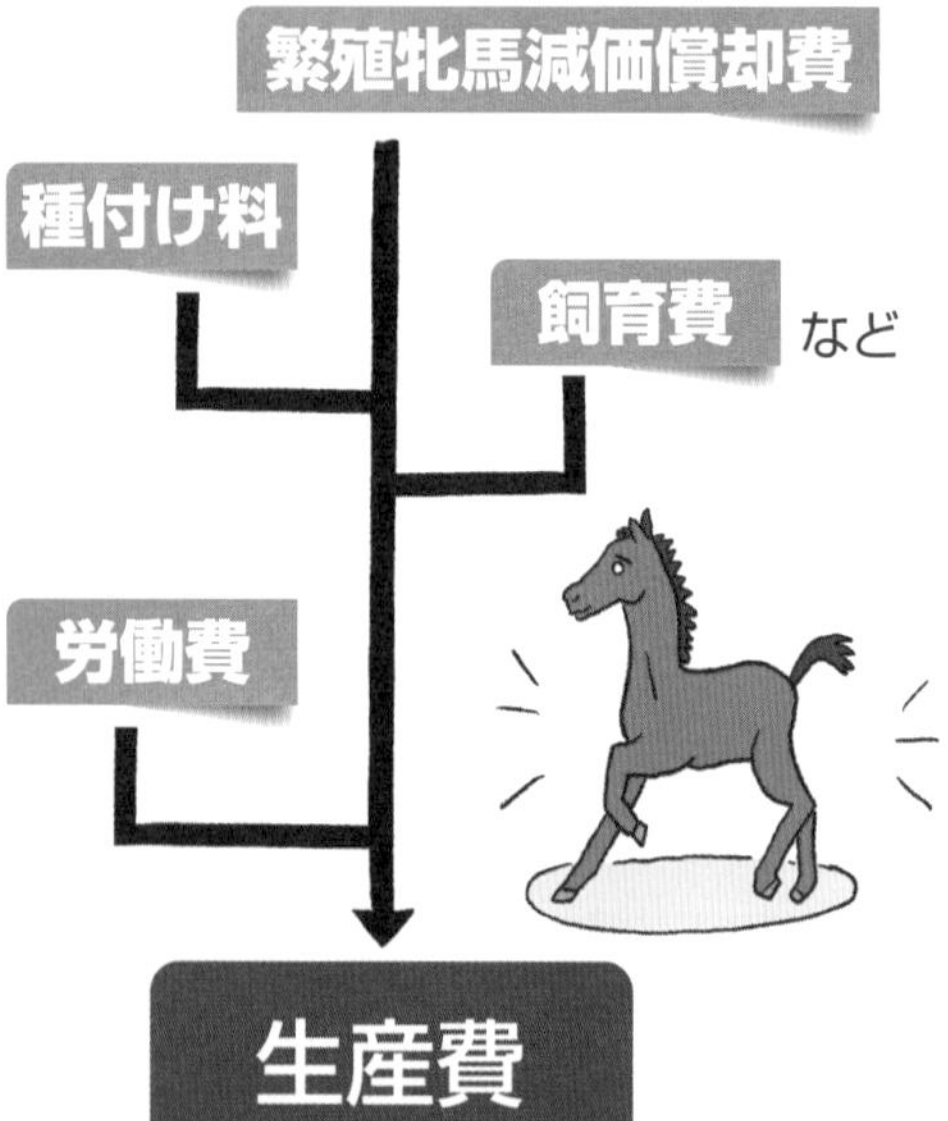

いうことになります。

ただし、2016年度の産駒1頭あたりの所得は100万円を下回っており、さらにさかのぼってみると、平均所得が赤字だった年もあります。

競走馬の生産には、不受胎や死産のリスクもあり、育てた仔馬が希望の価格で売れる保障もありません。とくに、年に数頭しか生産しない小規模の牧場にとってはそれらの影響が経営リスクに直結します。

そのため、安定した経営をするのはとても難しいことといえます。

産駒1頭あたりの収益性

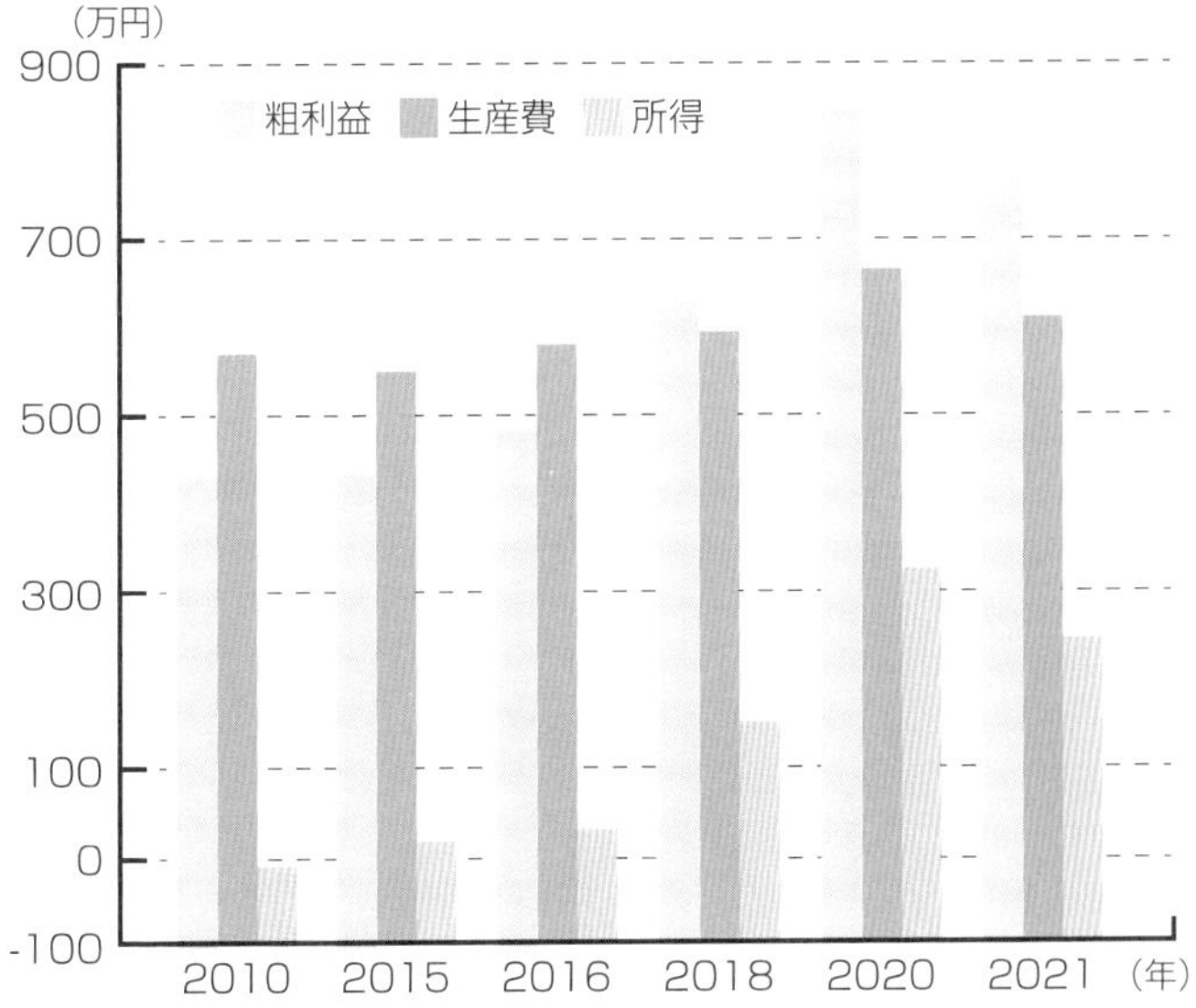

「2019年2月」と「令和5年6月」の農林水産省畜産局競馬監督課『馬産地をめぐる情勢』をもとに作成

Part.2

資産でもある競走馬にかけられる保険

1頭あたり数百万円から、高くて数億円もする競走馬は、所有者にとっては高額な〝商品〟であり、大切な〝資産〟でもあります。そのため、競走馬を対象とした各種の保険が存在しています。

最も一般的なのは、人間の生命保険と同種のものです。これは、契約した所有馬が、偶然のケガや病気などで死亡した際、保険金が支払われます。

基本保険金額は、馬の年齢に

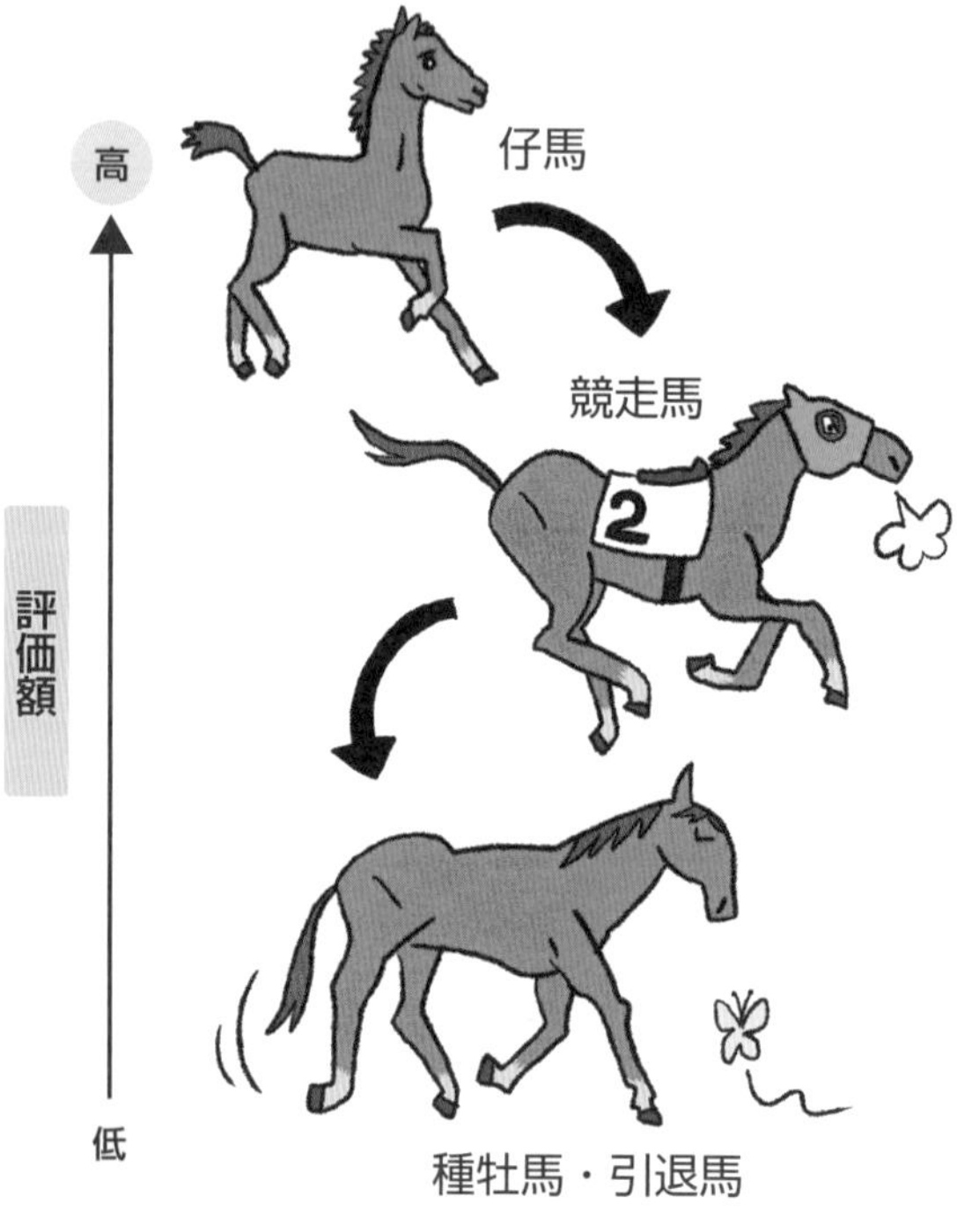

よって「評価額の○%」などと決められています。加入できるのは現役の競走馬だけでなく、デビュー前の育成馬（仔馬）や種牡馬、繁殖牝馬なども対象となっています。

オプション特約などもあり、たとえば台風、暴風雨などによる水災によって所有馬が死亡した場合の水災補償特約などをつけることもできます。

また、育成馬、競走馬の競走能力の喪失《そうしつ》や、種牡馬としての機能喪失などにもオプション特約で保険をかけることができます。

保険金額の目安

損保ジャパンの「競走馬保険」を参考

対象	年齢	基本契約保険金額
育成馬	生後1カ月～2歳4月30日	評価額の60%以下
平地競走馬	2歳5月1日～3歳	評価額の70%以下
	4歳～5歳	評価額の60%以下
	6歳～7歳	評価額の50%以下
	8歳～10歳	評価額の40%以下
種牡馬・繁殖牝馬	3歳～9歳	評価額の70%以下
	10歳～11歳	評価額の60%以下
	12歳～13歳	評価額の50%以下
	14歳～17歳	評価額の40%以下
障害馬	ー	評価額の40%以下（200万円が限度）

Part.2

人手不足に悩まされる生産・育成牧場

あなたが競馬関係の仕事に就きたいと思ったとします。専門的な知識も持っていないかもしれません。その場合でも、牧場でなら働くことができるかもしれません。なぜなら、多くの牧場は慢性的な人手不足だからです。

牧場専門の求人サイトなどもあり、そこにはたくさんの求人情報が掲載されています。募集しているのは大規模な生産・育成牧場から、家族経営の中小の牧場まで、さ

一般的な生産牧場の１日

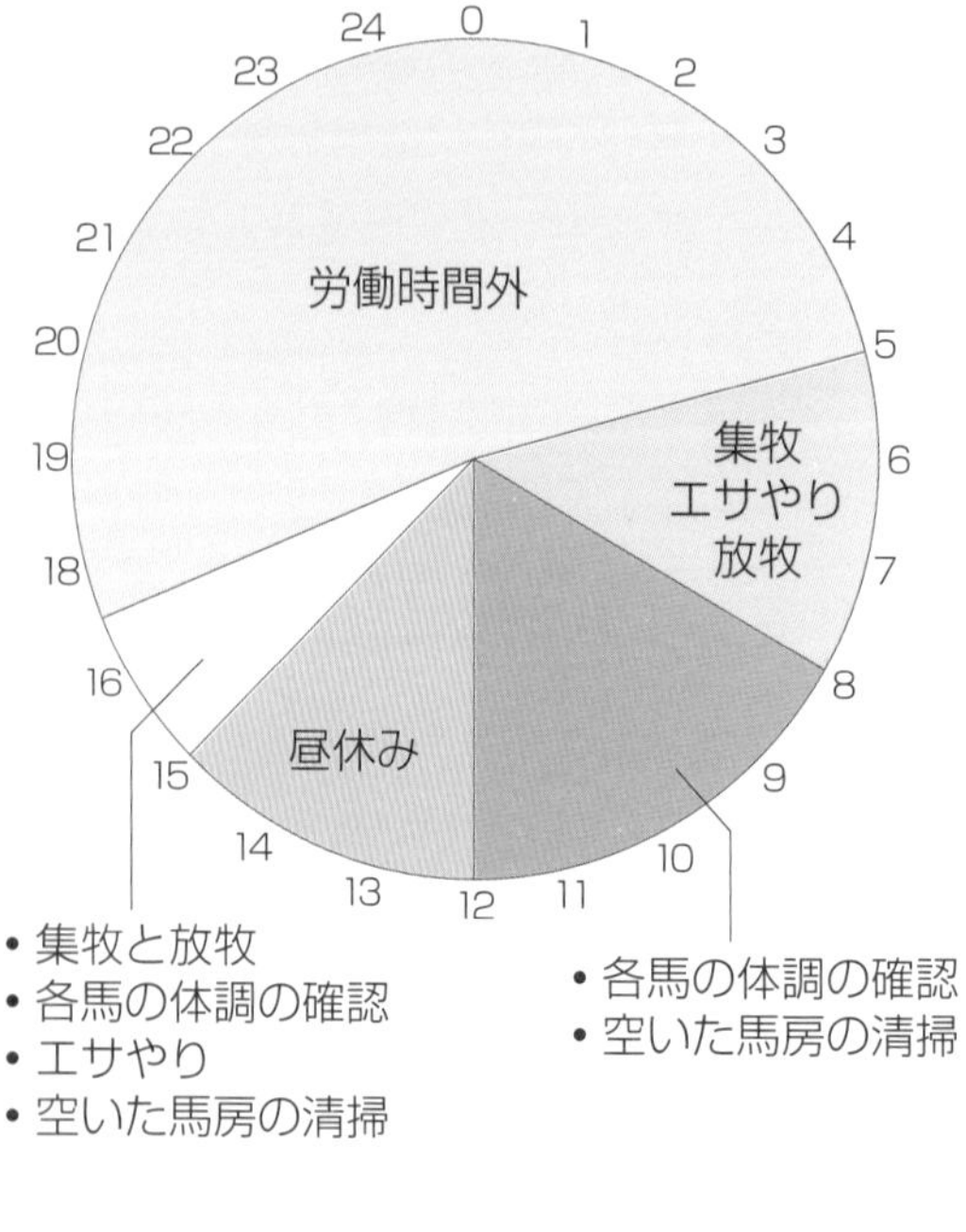

まざまです。

給与面を見ると、ある大手牧場では、社会保険は完備のうえ、初任給19万円、賞与は年2回＋決算賞与とあります。大手の場合、寮や社宅が用意されていますが、それでも人手不足に悩まされているといいます。

ただ、牧場の仕事は基本的に肉体労働であるうえ、生きもののため、時には出産に立ち会って手助けしたり、体調をくずしたりすれば見守ったりする必要があります。また、休みは週1日というところが大半です。

Part.2

セリの売上の半分はセレクトセール

　競走馬の購入は、１９９０年代くらいまでは馬主（もしくは調教師による馬主の代理購入）と、生産牧場が直接取引する庭先取引が主流でした（基本的に取引金額は公表されない）。２０００年代に入るころからは、セリ（セール。競売）が中心となっていきました。

　代表的なセリに、ＪＲＡブリーズアップセール、千葉サラブレッドセール、セレクトセール、セレクションセール、サマーセールが

代表的な日本のセリ

セール名	開催時期（開催地）	概要
JRAブリーズアップセール	4月（中山競馬場）	JRAが主催。2歳馬が対象。
千葉サラブレッドセール	5月（船橋競馬場）	千葉県両総馬匹農業協同組合が主催。2歳馬が対象。
セレクトセール	7月（ノーザンホースパーク）	日本競走馬協会が主催。当歳馬と1歳馬が対象。
セレクションセール	7月（北海道市場）	日高軽種馬農業協同組合が主催。1歳馬が対象。
サマーセール	8月（北海道市場）	日高軽種馬農業協同組合が主催。1歳馬が対象。

あります。

このなかでも、社台グループの生産馬を中心としたセレクトセールの売上規模が群を抜いています。2023年度の1歳馬のセリの売上総額の半分近くをセレクトセールが占め、海外からバイヤーが競走馬を買いつけにくるほどです。

また、セリ全体の売上も年々順調に伸びていますが、とくに伸びが顕著なのが当歳馬です。10年前とくらべて、その売上は3倍にもなっています。これも、当歳馬のセリに力を入れているセレクトセールの影響です。

1歳馬におけるセリの売上の割合（2023年度）

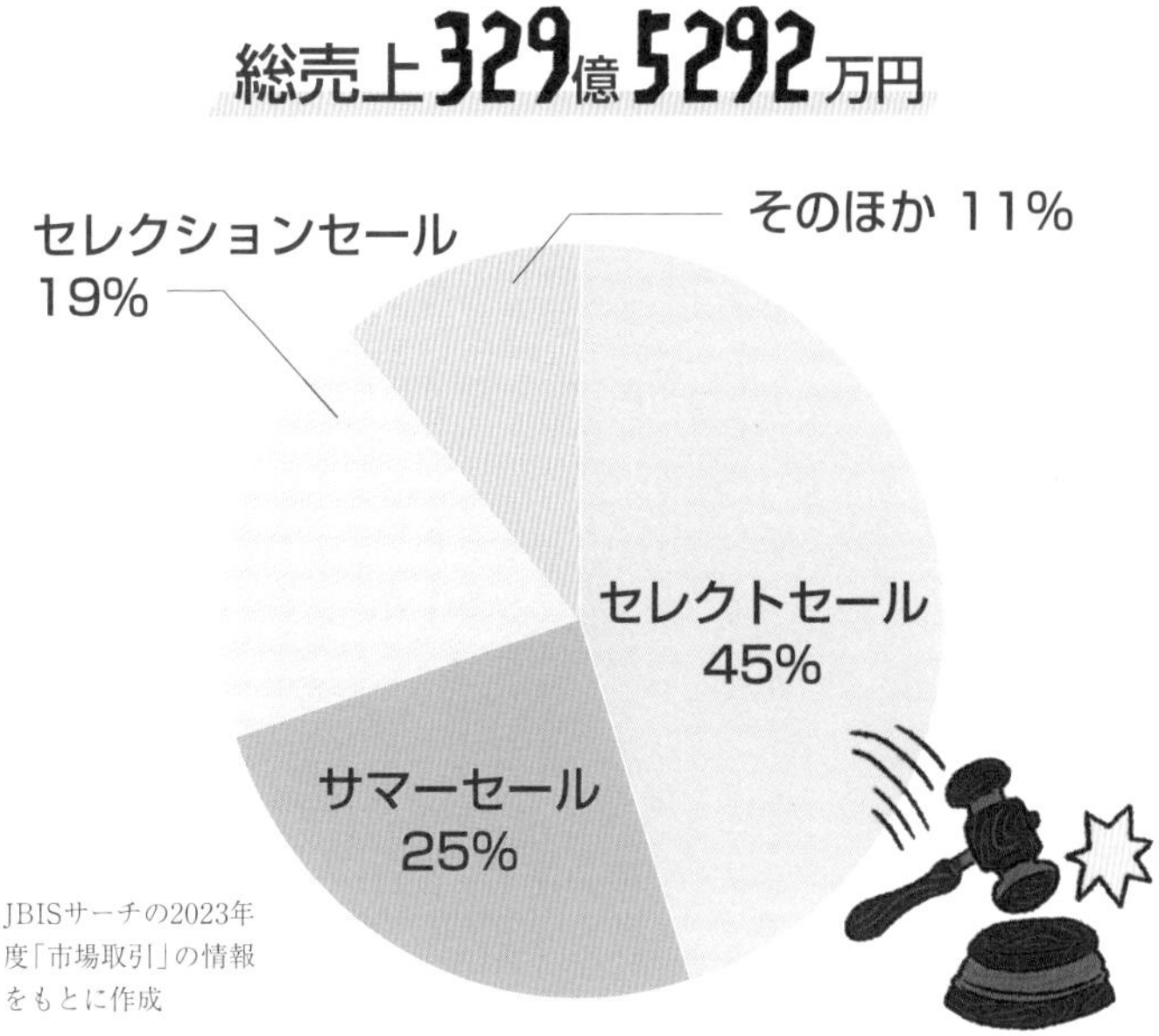

JBISサーチの2023年度「市場取引」の情報をもとに作成

Part.2

億超えの落札も飛び交うセリ市

競走馬のセリ市（セール。競売）における参加者の購買意欲は高く、お目当ての馬が登場すると、熱い駆け引きがくり広げられ、毎年のように何億円もの高額馬が落札されています。

これまで行われた日本のセリ市の落札価格のランキングを見ると、2023年7月時点で1位は、2006年の父キングカメハメハ×母トゥザヴィクトリーの牝馬（馬名：ディナシー）です。その額は

何と6億円です。

2位は2017年の父ディープインパクト×母イルーシヴウェーヴの牡馬（馬名：アドマイヤビルゴ）で5億8000万円、3位は2023年の父コントレイル×母コンヴィクションⅡの牡馬で5億2000万円となっています。

ただ、ランキング1位のディナシーはデビュー前に放牧中に大ケガを負い、結局、デビューすることはできませんでした。

なお、下図のランキングのなかで、2023年時点でGⅠ勝ち馬は出ていません。

セリ市の落札額ベスト8（2023年度時点）

順位	馬名（性別）	落札価格（セリの年）	父	母
1位	ディナシー（牝）	6億円（2006）	キングカメハメハ	トゥザヴィクトリー
2位	アドマイヤビルゴ（牡）	5億8000万円（2017）	ディープインパクト	イルーシヴウェーヴ
3位	コンヴィクションⅡの2023(牡)	5億2000万円（2023）	コントレイル	コンヴィクションⅡ
4位	ショウナンアデイブ（牡）	5億1000万円（2020）	ディープインパクト	シーヴ
5位	ザサンデーフサイチ（牡）	4億9000万円（2004）	ダンスインザダーク	エアグルーヴ
6位	リアド（牡）	4億7000万円（2019）	ディープインパクト	タイタンクイーン
7位	ダノンエアズロック（牡）	4億5000万円（2022）	モーリス	モシーン
8位	ホウオウプロサンゲ（牡）	4億1000万円（2021）	キズナ	セルキス

Part.2

落札価格の100倍近く稼ぐ馬も!?

何億円もの高額な値段で取引される競走馬がいる一方で、安値で落札されながら何億円も稼いだ馬がいます。

その代表的な存在といえば、テイエムプリキュアでしょう。同馬は2003年のオータムセール(日高・胆振・十勝《とかち》軽種馬農業協同組合が主催)で、262万円で落札されました。このセールの平均落札価格は1000万円であり、それより随分と安かったのは血統

が地味なためと考えられます。

ところが、テイエムプリキュアはデビューすると3連勝でGⅠ(阪神ジュベナイルフィリーズ)を制覇。6歳時にもGⅠ(エリザベス女王杯)で2着に食い込むなどし、生涯獲得賞金は2億474万1000円にまで達しました。購入価格のじつに約100倍もの賞金を稼いだことになります。

ほかにも、1050万円で落札されてGⅠ6勝を挙げたモーリス、1000万円で落札されてGⅠ7勝を挙げたテイエムオペラオーなど、活躍した馬はたくさんいます。

〈テイエムオペラオー〉

落札価格(セリの種類)	主な勝ち鞍	戦績	獲得賞金
1000万円 (1997年のオータムセール)	春秋グランプリ 秋古馬3冠 天皇賞(春・秋)	26戦 14勝	18億 3518万9000円

〈テイエムプリキュア〉

落札価格(セリの種類)	主な勝ち鞍	戦績	獲得賞金
262万円 (2003年のオータムセール)	阪神 ジュベナイルF	37戦 4勝	2億 474万1000円

〈モーリス〉

落札価格(セリの種類)	主な勝ち鞍	戦績	獲得賞金
1050万円 (2012年の北海道トレーニングセール)	安田記念 マイルCS 香港マイル 香港カップ 天皇賞・秋 チャンピオンズマイル	18戦 11勝	10億 8368万5700円

Part.2

人気馬の種付け料は1000万円超え

種牡馬の種付け料はたとえ安くても数十万（例外あり）、人気の高い種牡馬ともなると、1000万円以上にのぼることもあります。種付けを希望する側（繁殖牝馬を所有する生産牧場）にとっては、大きな投資といえます。

一方、種牡馬を所有する側は需要が高まるようにさまざまなサービスを取りそろえています。

たいていの種牡馬に共通する条件が「受胎《じゅたい》条件」です。これは、種

付けのあと受胎が確認された時点で金額を支払い、不受胎の場合は支払わなくてよいというものです。ただ、受胎の確認後に流産や死産になっても種付け料は返ってきません。

そのリスクがないのが「出生条件」です。これは文字どおり、産駒が正常に生まれた場合に支払う契約条件となります。

ほかに「フリーリターン特約」があります。これは、種付けしても産駒が誕生しなかった場合、同じ繁殖牝馬に限り、翌年は無料で種付けできるというものです。

種付け料の条件（ロードカナロアを例に）

ロードカナロア	キングカメハメハ	Kingmambo
		マンファス
	レディブラッサム	Storm Cat
		サラトガデュー

種付け料	1200万円	
受胎条件	受胎を確認後に支払い	フリーリターン特約付帯

社台スタリオンステーションのサイトを参考に作成。2023年度

主な産駒	アーモンドアイ	ダノンスマッシュ
	サートゥルナーリア	ステルヴィオ

Part.2

数十億円が集まる競馬のシンジケート

競馬の世界でいう「シンジケート」とは、種牡馬について組織される株主（出資者）の集まりのことをいいます。１頭の種牡馬を数十株に分けて分配し、１株につき１頭分の種付け権利を所有することになります。なお、現役時代の馬主は何口か権利を有している場合が多くあります。

日本の種牡馬シンジケートで歴代最高額となったのは、ディープインパクトです。現役引退後、１

株8500万円×60口、総額51億円のシンジケートが組まれました。

2位は、無敗で凱旋門賞を頂点としたヨーロッパの3大競走を制覇したラムタラです。1株1億800万円×41株、総額44億2800万円です。3位はアメリカのクラッシック2冠馬ウォーエンブレムで、1株5000万円×60株、総額30億円です。

この3頭のなかでディープインパクトは種牡馬として大成功を収めたものの、2位と3位の馬は金額に見合うだけの成果は挙げられませんでした。

日本のシンジゲートのランキング（2023年時点）

順位	生産(生年)	馬名	金額×口数(株)	総額
1位	日本(2002)	ディープインパクト	8500万円×60	51億円
2位	アメリカ(1992)	ラムタラ	1億800万円×41	44億2800万円
3位	アメリカ(1999)	ウォーエンブレム	5000万円×60	30億円
4位	アメリカ(1986)	サンデーサイレンス	4150万円×60	24億9000万円
5位	日本(2001)	キングカメハメハ	3500万円×60	21億円
6位	日本(1991)	ナリタブライアン	3450万円×60	20億7000万円

Part.2 世界的な名種牡馬の種付け料は億超え!?

種牡馬の種付け料の価格設定は非常にシビアです。産駒が活躍すれば種付けさせたいと考える人が増えるため、翌年の種付け料は上がります。反対に産駒が活躍しなければ、価格は下がります。

日本の種牡馬の種付け料で歴代最高額は、2018年のディープインパクトの4000万円です。この金額は当時、世界で最も高額な種付け料でもありました。同馬が2007年に種牡馬入りした際

日本一と世界一の種付け料

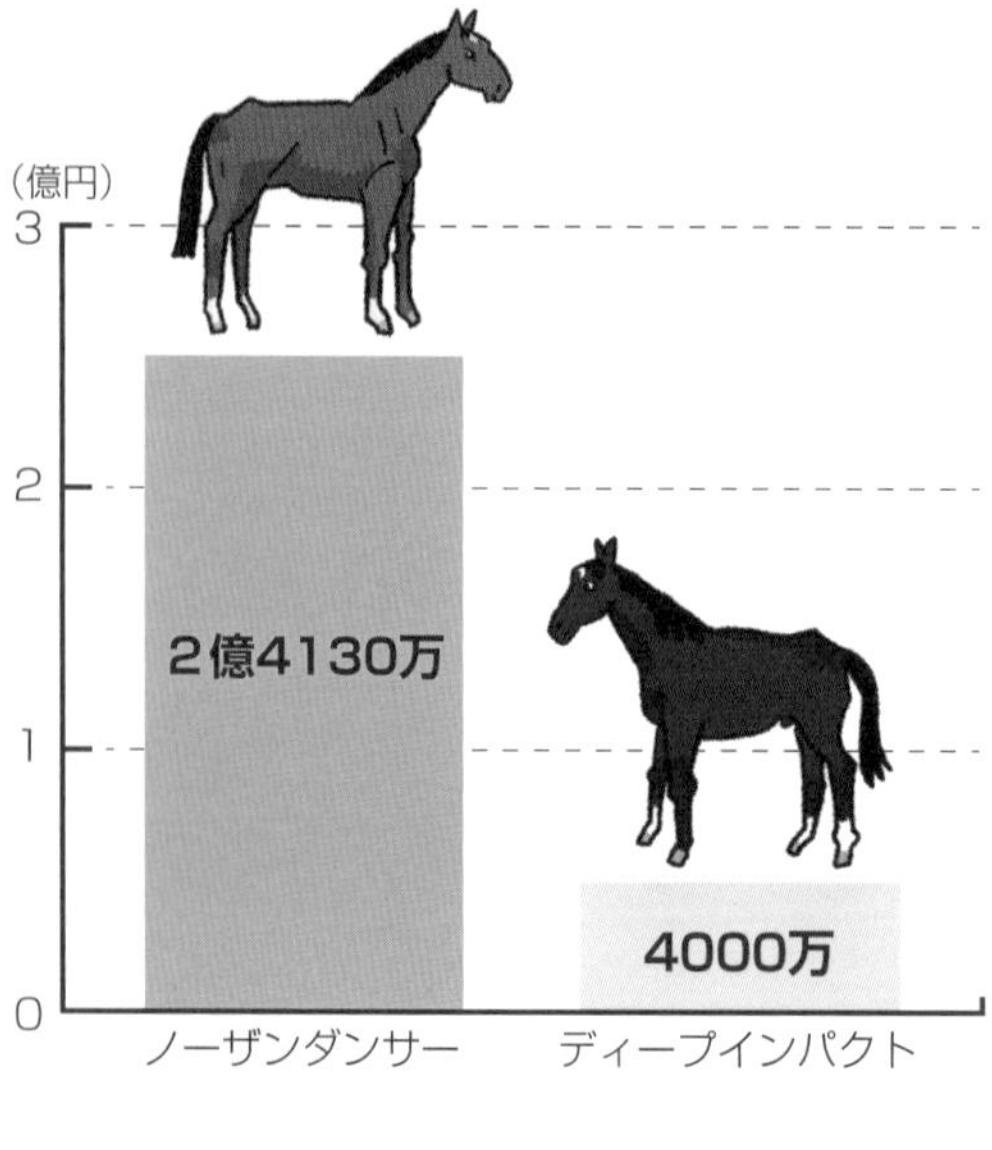

の種付け料は1200万円でしたが、産駒の活躍とともに価格はどんどんと上がっていきました。もしも生きていたら、どこまで種付け料が高騰していたかわかりません。

世界に目を向けてみると、種付け料が最も高額だったのは、1985年のノーザンダンサーの95万ドルとされています。当時の為替レートで計算すると約2億4130万円と、破格の金額です。ニジンスキーをはじめ、多数の名馬を生み出した同馬は競馬史に残る名種牡馬です。

ディープインパクトの種付け料の推移

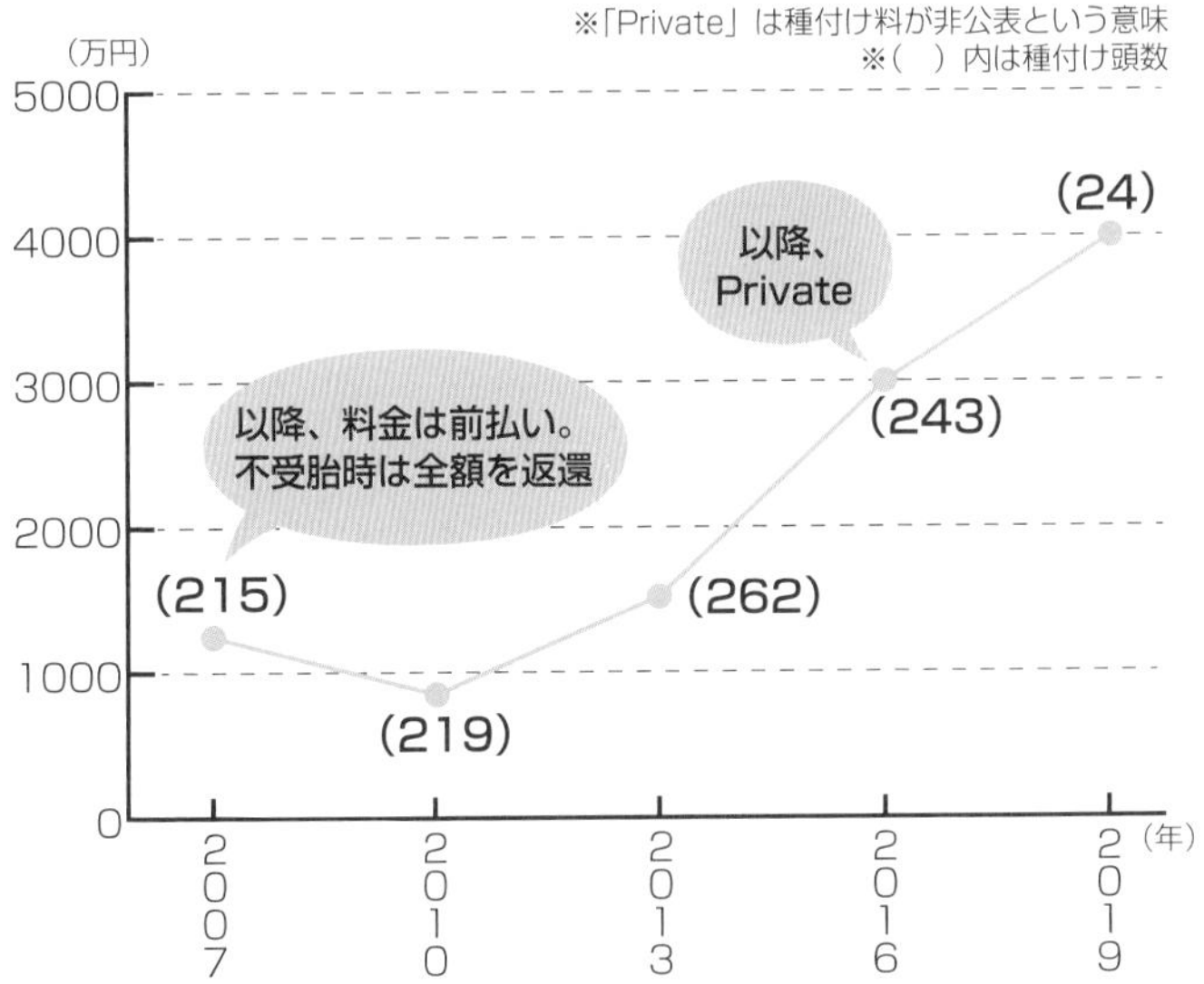

※「Private」は種付け料が非公表という意味
※（　）内は種付け頭数

Part.2

同年代の産駒が100億円近く稼ぐ!?

1シーズンを通して、産駒の獲得賞金が一番多かった種牡馬を「リーディングサイアー」としてたたえます。2005年度に歴代1位となる92億2004万4000円を記録したリーディングサイアーがサンデーサイレンスです。同じ年に2位だったブライアンズタイム産駒の獲得賞金が28億830万5000円ということを考えると、驚異的な数字といえます。

歴代2位の記録も同馬による2

004年度の89億6008万80
00円です。いかに種牡馬として
傑出していたかがわかります。

アメリカ生まれのサンデーサイ
レンスは1989年にアメリカの
クラシック3冠のうち2冠を制し、
翌年に引退すると、日本に種牡馬
として輸入されました。すると、初
年度の産駒からGI馬（フジキセ
キ）が誕生し、1995年から13
年連続でリーディングサイアーを
獲得しました。

そのほか、通算勝利数、通算獲
得賞金、年間勝利数など、数々の
種牡馬記録を塗り替えました。

産駒の年間最多獲得賞金ベスト5 （2023年時点）

順位	種牡馬	年度	出走回数 （勝利回数）	獲得賞金 （主な活躍馬）
1位	サンデーサイレンス	2005	2430 （293）	92億2004万4000円 （ディープインパクト）
2位	サンデーサイレンス	2004	2483 （328）	89億6008万8000円 （ゼンノロブロイ）
3位	サンデーサイレンス	2003	2285 （303）	83億3023万8000円 （ネオユニヴァース）
4位	ディープインパクト	2020	1991 （257）	79億5291万2000円 （コントレイル）
5位	サンデーサイレンス	2006	2109 （228）	76億8684万2000円 （ディープインパクト）

Part.2

数値でわかる種牡馬の経済性

種牡馬の価値を測る一つの指標として「アーニング・インデックス」(AEI)というものがあります。これは、出走馬1頭あたりの収得賞金の平均値を1・00として、各種牡馬の産駒における平均収得賞金の割合を数値で表わしたものです。

この数値が1・00を上回るほど、その種牡馬の産駒が平均して多くの賞金を獲得していることになります。つまり、種付けを投資とし

アーニング・インデックスの算出方法

(産駒の総収得賞金 ÷ 産駒の出走頭数)

÷

(全出走馬の収得賞金 ÷ 総出走頭数)

＝

アーニング・インデックス

↑

1.00を上回る種牡馬は経済性が高い

て考えると、比較的安定したリターンが望めるということです。

たとえば、ディープインパクトが種牡馬になって産駒が活躍するようになってから、その大半の年で3・00を超えていました。

ただ、気をつけなければならないのは、少ない産駒のうち1頭でも勝ちまくる馬が出ると、数値が跳ね上がってしまうことです。たとえば、2022年度のステイゴールドの数値は2・52でしたが、これは産駒のオジュウチョウサンがJ・GIを勝つなど活躍したことが大きく影響しています。

アーニング・インデックス（2022年度）

種牡馬	AEI	出走数	勝利数	獲得賞金	主な産駒(GＩ馬)
ステイゴールド	2.52	21	6	約3億4500万円	オジュウチョウサン
キングカメハメハ	2.27	174	63	約25億7000万円	ジュンライトボルト スタニングローズ
ディープインパクト	2.03	341	124	約45億円	ジャスティンパレス
キタサンブラック	1.89	124	38	約15億3000万円	イクイノックス
タートルボウル	1.82	27	7	約3億2000万円	—
ゴールドアリュール	1.7	47	8	約5億2100万円	ナランフレグ
キズナ	1.64	281	99	約30億円	ソングライン

牝馬の市場価格が牡馬より割安？

２０００年代に入ると、ウオッカやブエナビスタなど、牡馬と互角以上に戦う強い牝馬が数多く出現するようになりました。ただし、それでもセリでは、牡馬の平均落札価格のほうが牝馬の平均落札価格を上回るのはなぜでしょうか。

２０２２年および２０２３年のセレクトセール（当歳馬）における平均落札価格を見ると、牝馬のほうが割安という結果でした。これは、クラブ（一口馬主）の募集

セレクトセールの平均落札価格
（2022・2023年度）

※当歳馬のみに限る

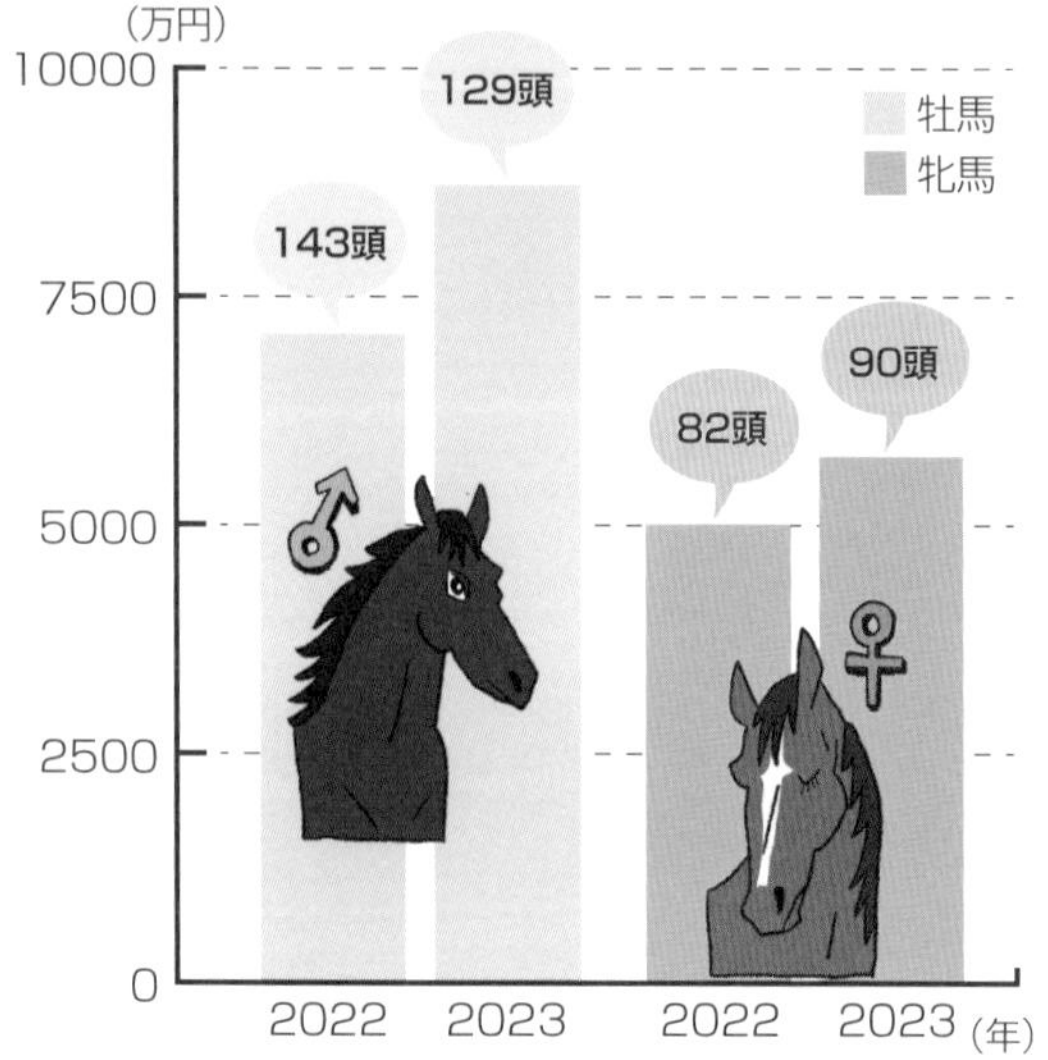

JBISサーチの2022年度と2023年度の「セレクトセール サラブレッド 当歳」をもとに作成

価格でも同様です。

牝馬のほうが安い理由はいくつかあります。たとえば、牝馬よりも牡馬のほうが息の長い活躍が期待できると考えられていること（牝馬は年齢を重ねると繁殖に適した体型へと変化していく）。牝馬限定レースの賞金が安いこと。そして何より、牡馬は種牡馬として成功すれば、競走馬時代の何百倍もの利益を生み出す可能性を秘めています。

これらを考え合わせると、牡牝の価格差は簡単にはなくならないでしょう。

2000年代以降の主な女傑

馬名	現役時代	主な優勝レース（年）
ウオッカ	2006〜2009年	日本ダービー（2007） JC（2009）
ブエナビスタ	2008〜2011年	天皇賞・秋（2010） JC（2011）
ジェンティルドンナ	2011〜2014年	JC（2012・2013） 有馬記念（2014）
アーモンドアイ	2017〜2020年	天皇賞・秋（2019） JC（2020）
クロノジェネシス	2018〜2021年	宝塚記念（2019・2020） 有馬記念（2020）

海外で買いつけた牝馬の仔が大活躍

世界的な良血を求めて海外のセリなどで購入した繁殖牝馬を輸入することは当たり前になって久しく、その輸入された繁殖牝馬から産まれた仔には競馬史に残る名馬も誕生しています。

古くは、アメリカで生産されたパシフィカス（父はノーザンダンサー）が、１９８９年に５２０万円で輸入されました。これほど安かったのは、その時点で無名の種牡馬の仔を宿していたためです。

Pacific Princessに連なる系図

牡馬 / 牝馬
「※」はＧＩ馬

- Pacific Princess
  - パシフィカス
    - ビワハヤヒデ ※
    - ナリタブライアン ※
  - キャットクイル
    - ファレノプシス ※
    - キズナ ※

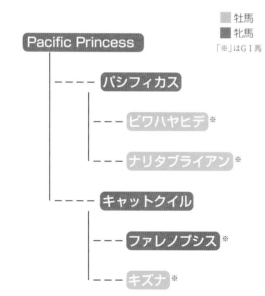

しかし、産まれた仔であるビワハヤヒデは菊花賞をはじめGⅠを3勝します。翌年、パシフィカスにブライアンズタイムをつけて生まれたナリタブライアンは、クラシック3冠を含むGⅠ5勝を挙げました。

近年では、2006年に約1億2000万円でイギリスから輸入されたドナブリーニから、GⅠ7勝馬のジェンティルドンナが産まれたのをはじめ、欧米で購入した繁殖牝馬に、日本の種牡馬を種付けし、そうして産まれた仔らが活躍しています。

外国産の母親を持つＧⅠ２勝以上の日本産馬

〈母親がアメリカ産のＧⅠ馬〉

性別	馬名	母名
牝	アパパネ	ソルティビッド
牝	ラッキーライラック	ライラックスアンドレース
牝	ラヴズオンリーユー	ラヴズオンリーミー
牝	グランアレグリア	タピッツフライ
牡	アルアイン／シャフリヤール	ドバイマジェスティ

〈母親が欧州・豪州産のＧⅠ馬〉

性別	馬名	母名
牡	ディープインパクト	ウインドインハーヘア
牡	ヴィクトワールピサ	ホワイトウォーターアフェア
牝	ジェンティルドンナ	ドナブリーニ
牝	リスグラシュー	リリサイド
牝	リバティアイランド	ヤンキーローズ

Part.2

引退馬を預かるには覚悟と資金が必要

現役を引退した競走馬のうち、種牡馬や繁殖牝馬、乗用馬になれなかった馬の多くは所在不明となってしまいます。たとえば、2022年末には中央と地方で合わせて1万809頭が登録を抹消《まっしょう》し、そのうちの28%の行方はわかっていません。

応援していた馬が引退後も元気に暮らしてほしいというのは、多くの競馬ファンの願いでしょう。なかには、自分が引退馬の所有者

引退した競走馬のその後
(2021年末～2022年末)

〈中央と地方の合算〉

※再登録は中央から地方、地方から中央への移籍

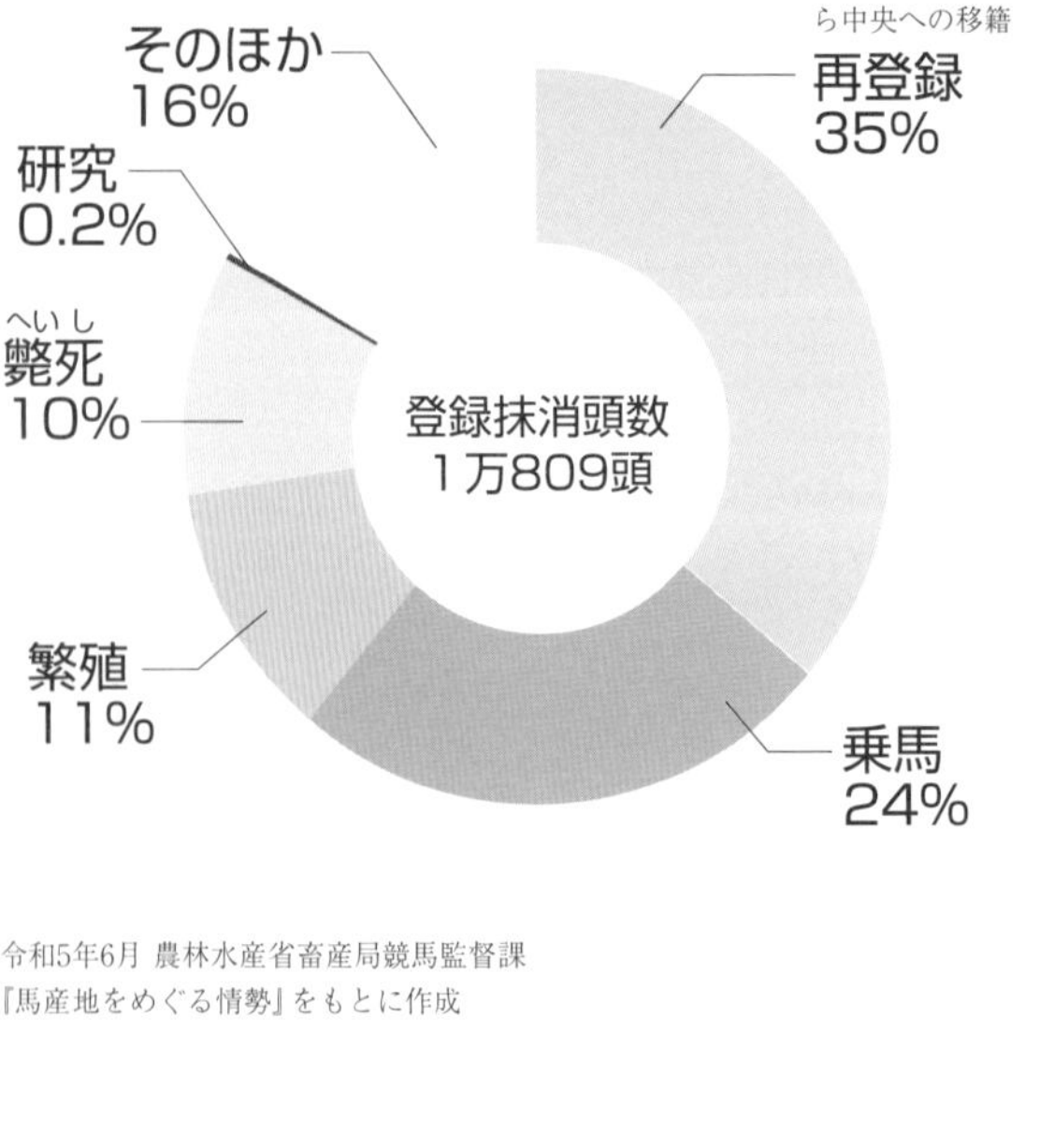

令和5年6月 農林水産省畜産局競馬監督課
『馬産地をめぐる情勢』をもとに作成

となって養いたい、と考える人もいるかもしれませんが、とても大変なことです。

仮に、引退した馬の所有者となって牧場に預けた場合、預託料だけでも年間40万~１００万円ほどの費用がかかります。これに、削《さく》蹄料《ていりょう》（蹄《ひづめ》を削るのにかかる費用）や医療費などの諸経費も加わってきます。

そして、馬の平均寿命は27歳ほどです。つまりは20年以上にわたって、それだけの費用を負担し続ける覚悟と資金力がなければならないのです。

1頭養うのに 年間**40~100**万円 ＋諸経費

Part.2

引退した重賞勝ち馬への助成

引退後の競走馬を支える仕組みとして、「引退名馬繋養展示事業」があります。これは、日本の競走馬の馬名・軽種馬登録管理などを行っているJRAの関連団体である、公益財団法人ジャパン・スタッドブック・インターナショナル（JAIRS《ジェイエアーズ》）が実施している事業です。

この事業では、JAIRSからJRAの重賞勝ち馬に「月額2万円」、地方競馬のダートグレード勝

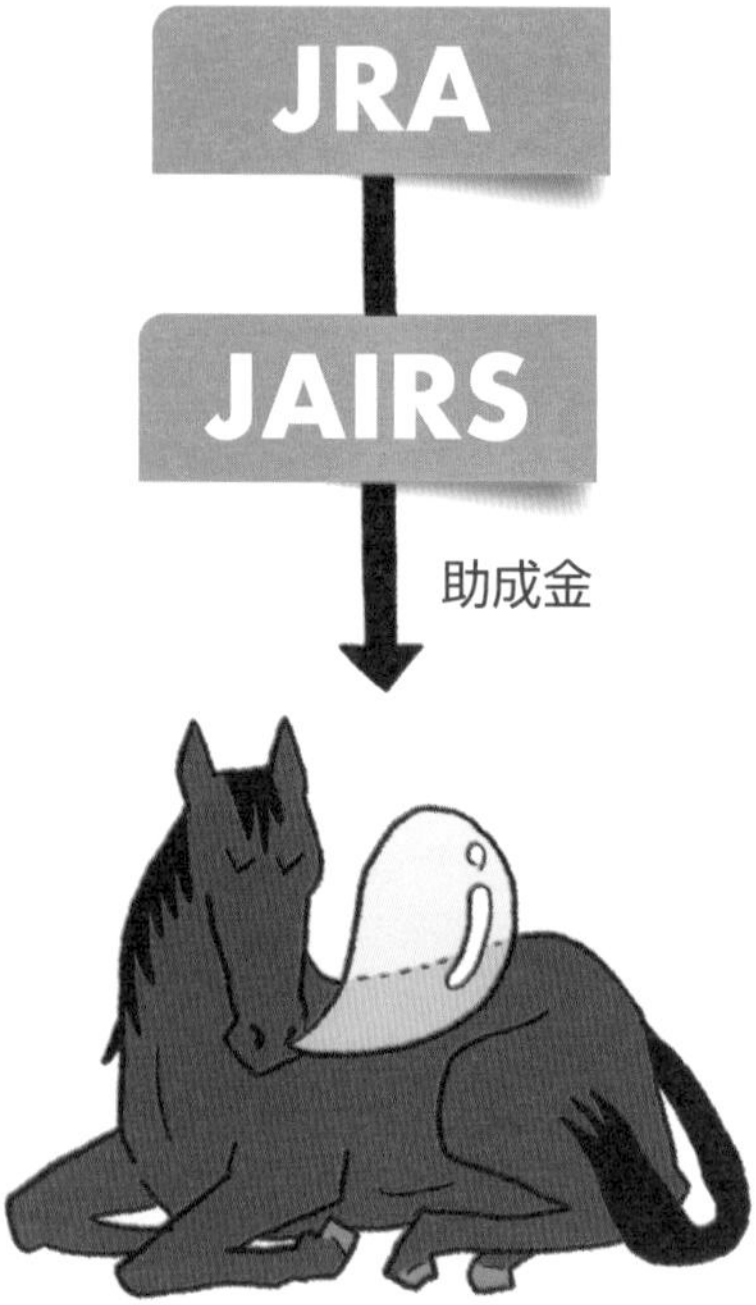

ち馬に「月額1万円」の助成金が支払われています。

　もともとこの事業は、競走馬の育成に関わる各種研究などを行っているJRAの関連団体である公益財団法人の軽種馬育成調教センターによって、1996年に始まりました。

　当初はJRAの重賞勝ち馬だけが助成の対象でしたが、2007年に地方競馬のダートグレード勝ち馬にも対象が拡大されたのです。そして2013年から業務がJAIRSに移管されています。

Part.2

広がっている引退馬の支援の輪

複数の会員

個人が引退馬を養うのはとても大変なことです。そのため、近年は引退馬の余生をサポートするＮＰＯ法人などいくつも発足しています。

それらＮＰＯ法人の経営は、寄付や賛助会員の会費、引退馬にまつわるグッズの販売などによって成り立っています。また、寄付の一つの形としてクラウドファンディングも盛んです。

たとえば、ＮＰＯ法人・引退馬

支援金3582万9730円!

協会に繋養されていたナイスネイチャは２０２１年のバースデードネーションで、３５８２万９７３０円もの支援金を集めました。これにより、ナイスネイチャの維持費が賄《まかな》われるだけでなく、同ＮＰＯ法人では新たに３頭を受け入れることができました。

　最近では、北海道に位置する引退馬の牧場であるヴェルサイユリゾートファームが、カフェや宿泊施設を備える（牧場に併設）ほか、乗馬体験などを行い、競馬ファンを呼び込むことで、収入を得るという事業を展開しています。

さまざまなギャンブルと競馬の控除率

執筆＝渡辺隆裕

控除率の算出方法

「賭けで儲《もう》かるのは胴元だけ」と、よく言われます。ギャンブルでは「賭けたお金から一定の金額を主催者が差し引く」という仕組みがとられているからです。

たとえば、ルーレットをもとに考えてみましょう。ラスヴェガスなどのカジノのルーレットでは、36の目のほかに「0」と「00」という目があります。これでルーレットの目は全部で38個です。ここで「赤」か「黒」かのどちらかに賭けて当たった場合の払戻しは2倍ですが、0か00の目に玉が落ちると、どちらに賭けていても賭け金は没収されてしまいます。

「赤」か「黒」かに賭けると確率2／38で必ず主催者が収入を得るわけで、このときの控除率は2／38＝0・053、すなわち5・3％です。また「一つの番号に賭ける」という賭け方の場合、当たったときの払戻しは36倍になります。したがって、払戻率は（目は38個あるので）36／38、控除率は

2／38で、やはり5・3％です。ルーレットの控除率は先に見た競馬とくらべると（単勝の控除率は20％）小さいといえます。

ギャンブルで異なる控除率

それではギャンブルごとの払戻率はどのようになっているのでしょうか。社会学者である谷岡一郎《たにおかいちろう》氏の著書『ツキの法則』（PHP新書）には、さまざまなギャンブルの控除率と払戻率がくわしく書かれています。下記の【表1】はそれを引用して、競馬の部分を加筆したものです。

最も払戻率が小さいのは宝くじで、賭けた金額の半額（50％）しか戻ってきません。一般には、配当や払戻金が大きくなるほど

【表1】ギャンブルごとの払戻率

ゲーム	払戻率	1万円賭けたときに負ける平均額
日本の宝くじ	46.4%	5360円
競馬(単勝)	80%	2000円
競馬(3連単)	72.5%	2750円
キノ／ビンゴ	約80%	2000円
(アメリカン)ルーレット	94.73%	526円
1$スロットマシン(ラスヴェガス)	95.8%	420円
25¢スロットマシン(ラスヴェガス)	95.3%	470円

(出典)『ツキの法則』谷岡一郎(著)、PHP新書(2001年)より。競馬の部分は渡辺が加筆

払戻率は小さく（控除率は大きく）なる傾向にあります。これは「大金が当たるのであれば、払戻率が小さくても賭けに参加したくなる」という原理であり、経済学的には「リスク選好理論」というもので説明できます。難しい理論を持ち出さなくても、穴党のみなさんでしたらよくおわかりですよね。

馬券も種類によって払戻率が異なり、配当が大きくなるほど払戻率が小さくなります。払戻率が最も大きいのは単勝の80％。3連単は72・5％で、最も払戻率が小さいのはWIN5の70％です。つまり、単勝が最も堅実な払戻しが期待できるというわけです。

馬券ごとの払戻率

馬券	払戻率
単勝	80.0%
複勝	80.0%
枠連	77.5%
馬連	77.5%
ワイド	77.5%
馬単	75.0%
3連複	75.0%
3連単	72.5%
WIN5	70.0%

Part.3
ファン・馬主の経済

Part.3

売上3兆円超えの85%がネット投票

JRAの発表によると、2022年度の中央競馬の売上が3兆2539億7707万6200円となり、3年連続で売上が3兆円を超えました。

売上の約85%を占めるのは、電話・インターネット投票によるものです。この売上の増加にはコロナ禍の影響が大きく関わっています。競馬場などに行けなかったため、2020年のネット会員登録が前年にくらべて約60万人も増え

マークカード
（マークシート）への記入

インターネット投票

（2020年末時点の会員数は約506万人）、電話・インターネット投票の売上が前年から36％も増加したからです。

なお、次いで売上が多いのはWINSで、意外にも開催競馬場は4番目です。

ただし、コロナ禍が沈静化したことによって客足が戻りつつあるため、とくに開催競馬場における売上はこれから増加していくかもしれません。それでも、電話・インターネット投票がほかを圧倒しているという状況は、今後も変化しないでしょう。

JRAの売上（馬券の購入方法）の内訳

※海外競馬での売上は除く

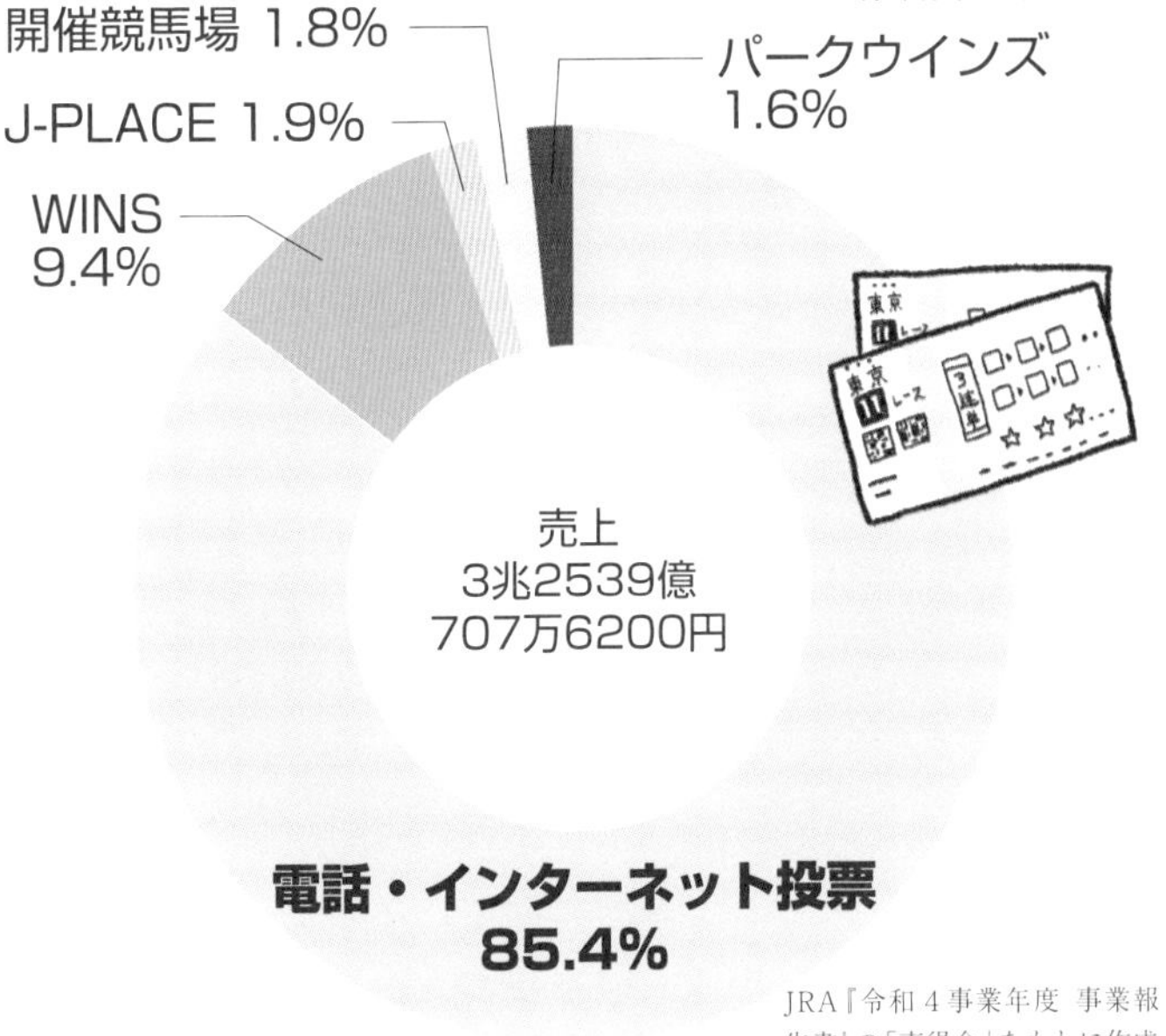

JRA『令和４事業年度 事業報告書』の「売得金」をもとに作成

Part.3

3連複と3連単で売上の半分を占める

戦後の1946年に競馬が再開されたとき、馬券の種類（券種）は「単勝」と「複勝」だけしかありませんでした。その後、1963年に導入された「枠連」を加えた3種類となり、以後、長い期間この状態が続きます。

第二次競馬ブームで盛り上がる最中の1991年に「馬連」が導入されたことを機に、券種は増えていきます。1999年に「ワイド」が、2002年に「馬単」と

券種の導入とその年の売上（馬連以降）

JRAの概要 成長推移『売得金額・入場人員』を参考に作成

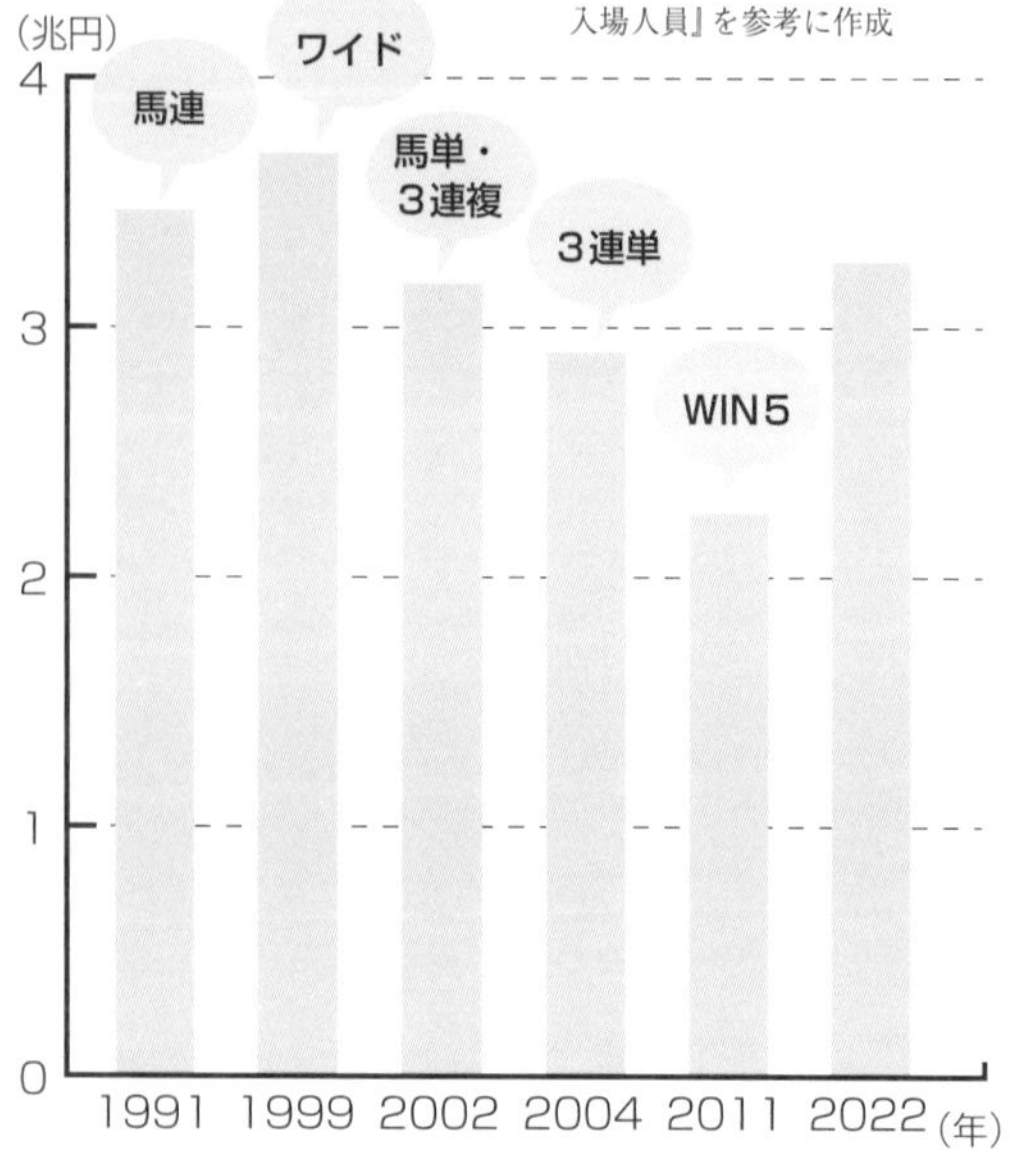

「3連複」が、2004年に「3連単」が、2006年に「応援馬券」が、そして2011年に「WIN5」が発売されました。

的中させるのはむずかしいものの、的中させれば高額の配当が期待できる券種が増えている傾向にあるといえるでしょう。

さまざまな券種のなかで、現在一番売上が多いのは3連単で全体の約25%です。あまり差のない2位が3連複で、この2種類で売上の約半分を占めています。やはり、高額な配当が期待できる券種が人気となっているようです。

馬券の売上に占める券種の構成比（2021年度）

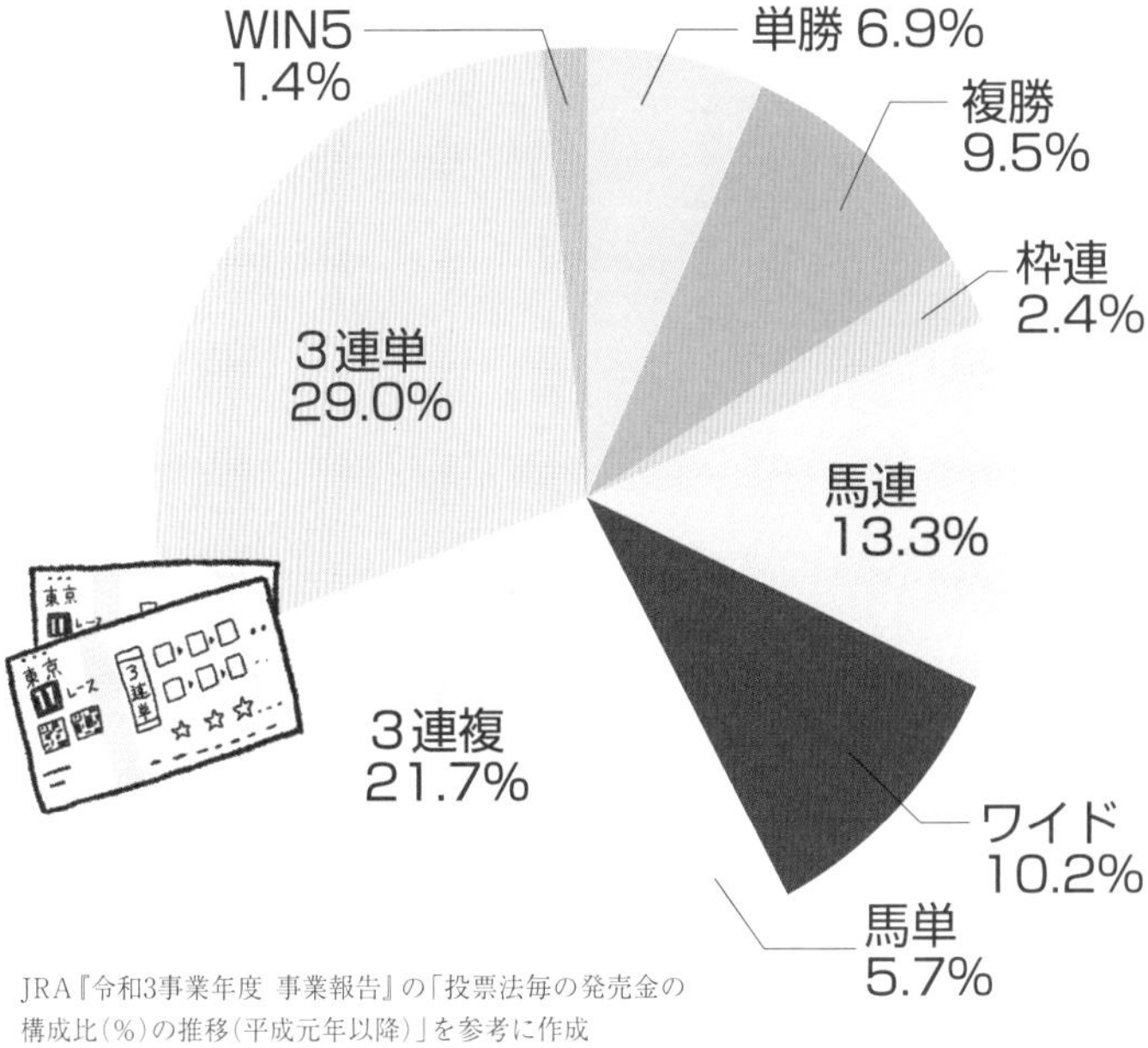

JRA『令和3事業年度 事業報告』の「投票法毎の発売金の構成比（%）の推移（平成元年以降）」を参考に作成

Part.3

万馬券を狙うなら馬単か3連複!?

オッズが100倍以上、つまり100円分の馬券を買ったときの払戻金が1万円以上となる馬券、万馬券を的中させたときは、格別に気持ちのよいものです。

ほぼ万馬券の出ることのない複勝とワイドと枠連、その反対に大半が万馬券となるWIN5を除いた各券種の万馬券の出現率は2020年度を例にとると、下記の図のようになります。

最も多いのが3連単で、出現率

券種ごとの万馬券の出現率（2020年度）

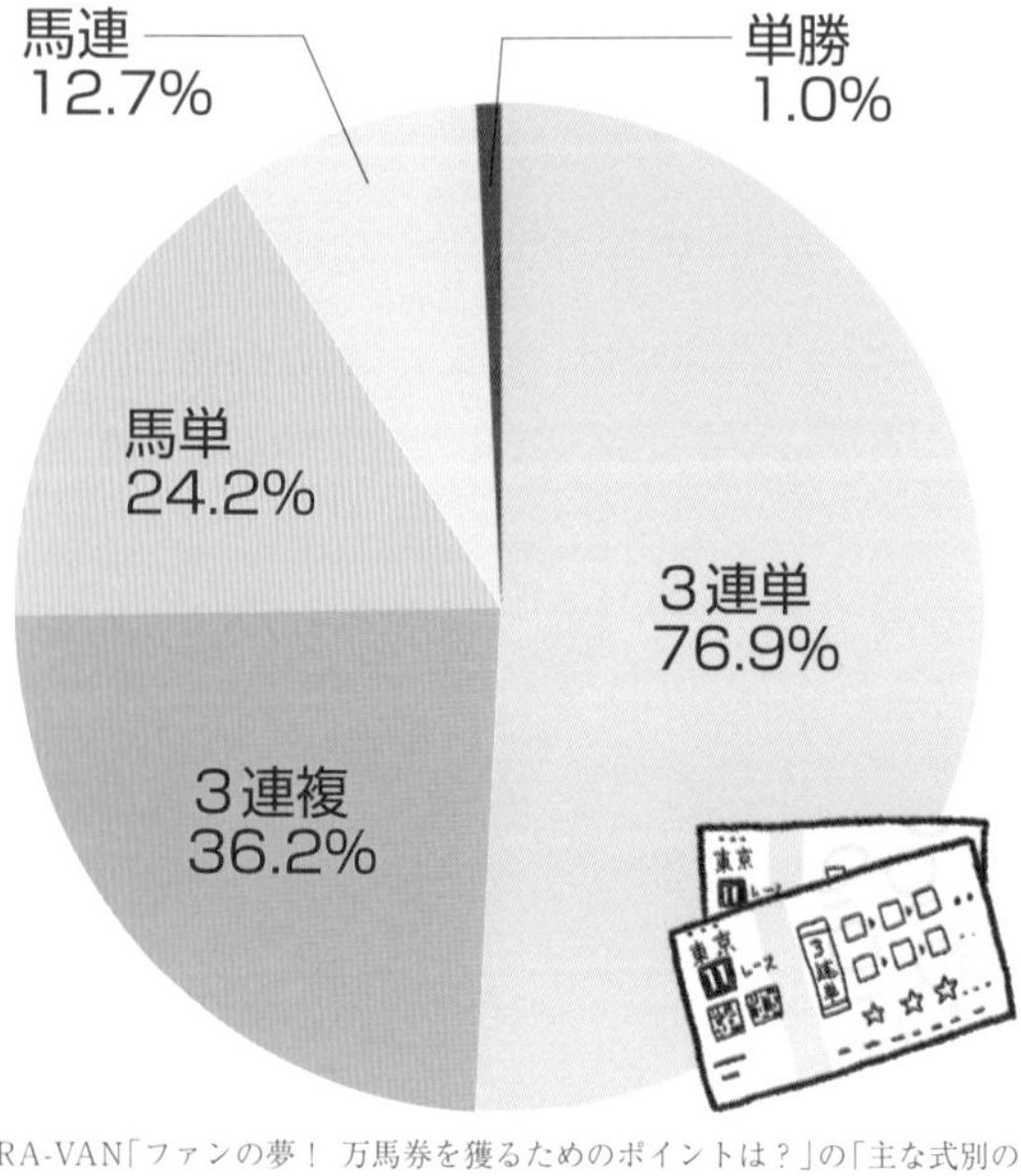

JRA-VAN「ファンの夢！ 万馬券を獲るためのポイントは？」の「主な式別の万馬券出現率（2020年）」をもとに作成

の4分の3以上を占めていることから、万馬券を当てるのなら3連単がよさそうに思えるでしょう。しかし、18頭立てのレースの場合、3連単の組み合わせは4896通りも存在し、そもそも的中させるのが困難です。

そのため、万馬券を〝的中させる〟のなら最大（18頭立てのレース）でも306通りの馬単か、もしくは816通りの3連複のほうが効率がよいといえるでしょう。

とはいえ、3連単のほうが大きなリターンが望めるため、悩ましいところです。

券種ごとの的中率（18頭立ての場合）

券種	組み合わせ数	的中率	万馬券の出現率
単勝	18	5.56%	1.0%
複勝	18	16.67%	ほぼ出ない
ワイド	153	1.96%	ほぼ出ない
枠連	36	2.78%	ほぼ出ない
馬連	153	0.65%	12.7%
馬単	306	0.33%	24.2%
3連複	816	0.12%	36.2%
3連単	4896	0.02%	76.9%

Part.3

1番人気の馬を買い続ければ収支は黒字?

レースで1番人気になるということは、馬券を買った多くの人がその馬が1着になると考えているということです。しかし当然ながら、1番人気の馬がつねに1着になるはずはありません。それでは、どのくらいの確率で1番人気の馬が1着になるのでしょう。

中央競馬の場合、1番人気の馬の勝率は、芝、ダートともに30%程度です。3回に1回は1着になっていますが、3回に2回は負

けていることになります。

　つねにオッズが３倍以上つくのなら毎レース１番人気の単勝だけを買い続ければ収支をプラスにできるのでは？　と思うかもしれませんが、１番人気の馬のオッズが３倍以下であることも多く、確率上、収支はマイナスとなります。それでも、連対率は50％以上〜60％未満、３着内率は60％以上〜70％未満のため、１番人気を外して馬券を買うのは勇気がいります。

　ちなみに、地方競馬は中央競馬とくらべて１番人気の勝率がやや高くなっています。

１番人気の馬を買い続けた場合

〈つねにオッズが３倍程度の場合〉

１レース目	不的中
２レース目	的中
３レース目	不的中

→ 収支はプラス

〈実際のオッズの場合〉

１レース目	不的中
２レース目	的中
３レース目	不的中

→ 収支はマイナス

Part.3

的中率より回収率UPで収支はプラス

賭け事でいう「回収率」とは、投じた金額に対して戻ってきた金額の割合のことです。仮に馬券を100円分買って、その馬券が的中して200円になれば、回収率は200%ということになります。

回収率が100%以上であれば、収支はプラスであり、その反対に100%未満であれば、収支はマイナスということになります。

回収率を上げて収支をプラスにするには的中率を上げることが大

的中率と回収率から見た収支

回収率	的中率		収支
高い	高い	➡	プラス
高い	低い	➡	プラス
低い	高い	➡	マイナス
低い	低い	➡	マイナス

収支をプラスにするなら、
的中率よりも回収率を重視

事だと思うかもしれませんが、そうではありません。たとえ的中率が高くとも、トリガミ（馬券が的中しても回収率がマイナスになること）になるかもしれないからです。一方で的中率が低くとも回収率が高ければ収支はプラスになる場合が多いのです。

　興味深いのは2桁人気の馬が馬券に絡むと如実に回収率が下がることです。人気が低いほどオッズは高くなるはずなので回収率も高くなりそうなものですが、一定数いる穴馬狙いの人が下位人気馬のオッズを押し下げてしまうのです。

人気馬と下位人気馬の回収率の傾向

Part.3

３種類の馬券の最高払戻しは同じレース

中央競馬では9種類の馬券が発売されています。それぞれの券種の最高払戻しを見ていきましょう。まずは単勝、複勝、枠連、ワイドから。ちなみに、払戻金は１００円分を買ったときのものです。

単勝は２０１４年４月26日、福島芝１２００ｍの４歳上５００万下の５万６９４０円。複勝は２０２３年５月13日、京都芝１８００ｍ、３歳未勝利の１万８０２０円です。２着に入った11番人気の馬

最高払戻し①（単勝・複勝・枠連・ワイド）

〈単勝の払戻し〉

1着馬	払戻金
リバティーホール	5万6940円

〈複勝の払戻し〉

2着馬	払戻金
ニホンピロパークス	1万8020円

〈枠連の払戻し〉

1着馬	2着馬	払戻金
ナンヨーアマゾネス	ブランドスリム	10万6440円

〈ワイドの払戻し〉

1着馬	3着馬	払戻金
ディスカバー	メイショウナンプウ	12万9000円

※2023年10月時点

の払戻し金額になります。

　枠連は1997年3月29日、中山ダート1800m、4歳未出走の10万6440円です。枠連が10万円を超えたのは過去2回しかありません。ワイドは2017年12月3日、中京ダート1800mの3歳上500万下の12万9000円です。

　そして馬連、馬単、3連複は、同じ2006年9月9日、中京ダート1700mの3歳未勝利です。3種類の券種で最高払戻しを記録しているこのレースは歴史に残るレースといえるでしょう。

最高払戻し②（馬連・馬単・3連複）

開催日：2006年9月9日　開催場：中京競馬場
レース：3R 3歳未勝利 ダート1700m

〈レース結果〉

着順	馬名	人気
1	メイショウギリー	13
2	デンコウグリーン	12
3	シャリバン	8

〈払戻し〉

券種	払戻金
馬連	50万2590円
馬単	149万8660円
3連複	695万2600円

※2023年10月時点

Part.3
億単位の払戻しが期待できるＷＩＮ５

３連単ともなると、払戻しは３連複とは桁が違ってきます。

３連単は２０１２年８月４日、新潟芝１４００ｍの２歳新馬の２９８３万２９５０円です。このレースで１着となったのは、稀代《きだい》の穴馬として名を馳《は》せるミナレットです。

ミナレットはこののちも人気薄で何度も馬券圏内に激走します。極めつきは、２０１５年のヴィクトリアマイルにおいて18番人気な

３連単の高額配当（2023年10月時点）

〈1位〉
2012年8月4日 新潟5R 2歳新馬 芝1400m
1～3着馬の人気：14番人気→12番人気→10番人気
払戻金：**2983万2950円**

〈2位〉
2015年9月21日 中山1R 2歳未勝利 ダート1800m
1～3着馬の人気：11番人気→9番人気→15番人気
払戻金：**2792万9360円**

〈3位〉
2017年12月3日 中京7R 3歳上500万下 ダート1800m
1～3着馬の人気：15番人気→6番人気→14番人気
払戻金：**2294万6150円**

がら3着に入り、GI競走で歴代最高の配当となる3連単2070万5810円を演出しました。
　最後にWIN5です。払戻額のうち6億円（法令による最高限度額）を超えた分、または的中票がない場合にはキャリーオーバーが発生し、次回のWIN5へと繰り越されるなど、払戻しの単位が億を超えることもあります。
　そのWIN5は2021年3月14日の5億5444万6060円が最高の払戻しです。対象レースの金《きん》鯱《こ》賞とフィリーズレビューの結果がともに荒れたためです。

WIN5の高額配当（2023年10月時点）

〈1位〉

2021年3月14日 中山・阪神・中京開催

4番人気→4番人気→10番人気→8番人気→3番人気

払戻金：**5億5444万6060円**（的中１票）

〈2位〉

2021年1月11日 中山・中京開催

4番人気→5番人気→14番人気→3番人気→5番人気

払戻金：**4億8178万3190円**（的中１票）

〈3位〉

2019年2月24日 中山・阪神・小倉開催

2番人気→15番人気→12番人気→11番人気→5番人気

払戻金：**4億7180万9030円**（的中１票）

Part.3

たとえ1億円でも現金で手渡し

競馬場やWINSなどで100万円以上の払戻しとなる馬券を的中させると、有人窓口で対応されることになります。自動払戻機が100万円以上の支払いに対応していないためです。

そこで有人窓口へ行くと、的中馬券と引き換えに受付番号札を渡され、しばらくの間、待たされることになります。

その後、現金で払戻金が手渡されます。このとき、小切手や振込

での対応は受け付けておらず、たとえ1000万円以上だろうと、1億円だろうと、札束の状態で渡されるのです。

ところで、払戻しの現金は、100万円ごとに紙の帯で封をされています。そのため、これは「帯《おび》封《ふう》」と呼ばれ、競馬ファンの多くが一度は手にしたいと夢見るものでしょう。この帯封は「JRAのロゴ+払戻し場所」が印字されたものと、「金融機関共通」と印字されたものの2種類があります。

なお、ほかの的中馬券と同様、払戻し期限は60日です。

高額払戻しの換金までの流れ

〈競馬場・WINS等で的中した場合〉

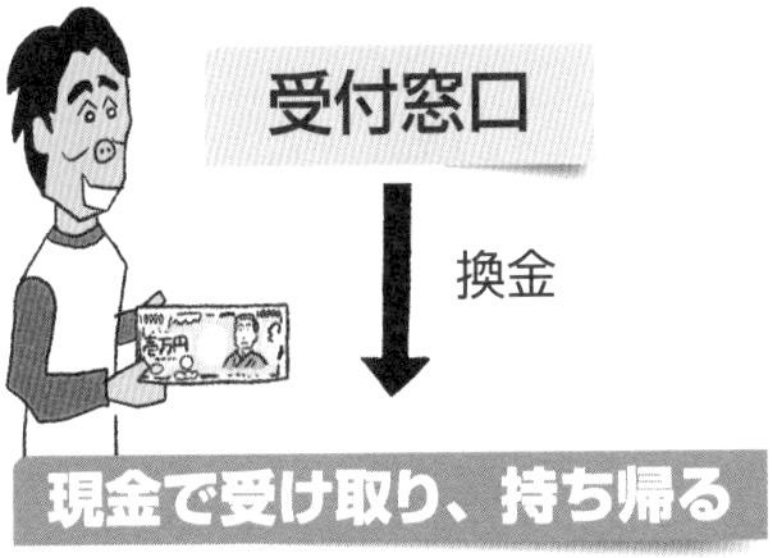

〈電話・インターネット投票で的中した場合〉

JRA指定の口座に入金される

Part.3

利益50万円以上で確定申告が必要！

法律上、馬券を買って年間50万円を超える利益が出た場合は確定申告をしなければなりません。

競馬で得た利益は「一時所得」か「雑所得」のどちらかに計上されますが、大抵の場合は一時所得となります。一時所得の場合、当たり馬券の購入費用しか経費として認められていないため、課税額は高くなります。

一方、雑所得の場合は、年間を通しての外れ馬券代も経費として

認められるため、課税額を抑えることができます。ただし、雑所得として認められるには、馬券の購入が「継続的、かつ営利を目的にしていた事業」であることを証明しなければならず、容易なことではありません。

また、2021年からは1000万円以上の払戻金への課税が強化され、主催者であるJRA（地方競馬の場合は地方自治体など）は払戻金を受け取った人の情報を保存し、必要に応じて国税局に情報提供するような仕組みになっています。

確定申告と課税額の計算式

〈確定申告の必要性〉

収入金額 ー 収入を得るために支出した金額

50万円以下 ↓ **確定申告は不要**

↓ 50万円以上 **確定申告が必要**

〈課税額の計算式〉

一時所得の課税所得額

＝

（収入金額 ー 収入を得るために支出した金額 ー 特別控除額）× $\frac{1}{2}$

↓

計算の結果、出てきた数値が **課税対象額** となる

※収入金額＝１年間のトータルの払戻金　※特別控除は最大50万円

※収入を得るために支出した金額＝当たり馬券の購入費用

Part.3

馬券ごとの控除率は主催者の取り分

「控除率」とは、主催者（胴元）が賭けた人に配分せずにみずからの手元に入れる、いわば手数料のようなものです。

そして競馬にも、控除率は存在しています。なぜなら、もし控除率が設定されていなければ、馬券を的中させた人が圧倒的多数を占めた場合や、レースが大きく荒れて巨額の配当金が発生した場合、胴元であるＪＲＡが大きな損失を出し、競馬の運営に大きな支障を

中央競馬の控除率

券種	単勝	複勝
控除率	20.0%	20.0%
払戻率	80.0%	80.0%

券種	枠連	馬連	ワイド
控除率	22.5%	22.5%	22.5%
払戻率	77.5%	77.5%	77.5%

券種	馬単	3連複
控除率	25.0%	25.0%
払戻率	75.0%	75.0%

券種	3連単	WIN5
控除率	27.5%	30.0%
払戻率	72.5%	70.0%

きたしてしまう可能性があるからです。

たとえば、その控除率が20％だった場合、100円分の馬券を買ったとき、最初に20円分が引かれ、残った80円が的中した人々の間で配分されます。

中央競馬では券種ごとに控除率が異なっていて、配当が高くなりやすい（的中しにくい）券種ほど控除率が高く設定されています（控除率は最低で20％から最大で30％）。つまり、控除率の低さと払戻額の期待値の高さは相反する関係にあるのです。

単勝を的中させた場合の払戻し

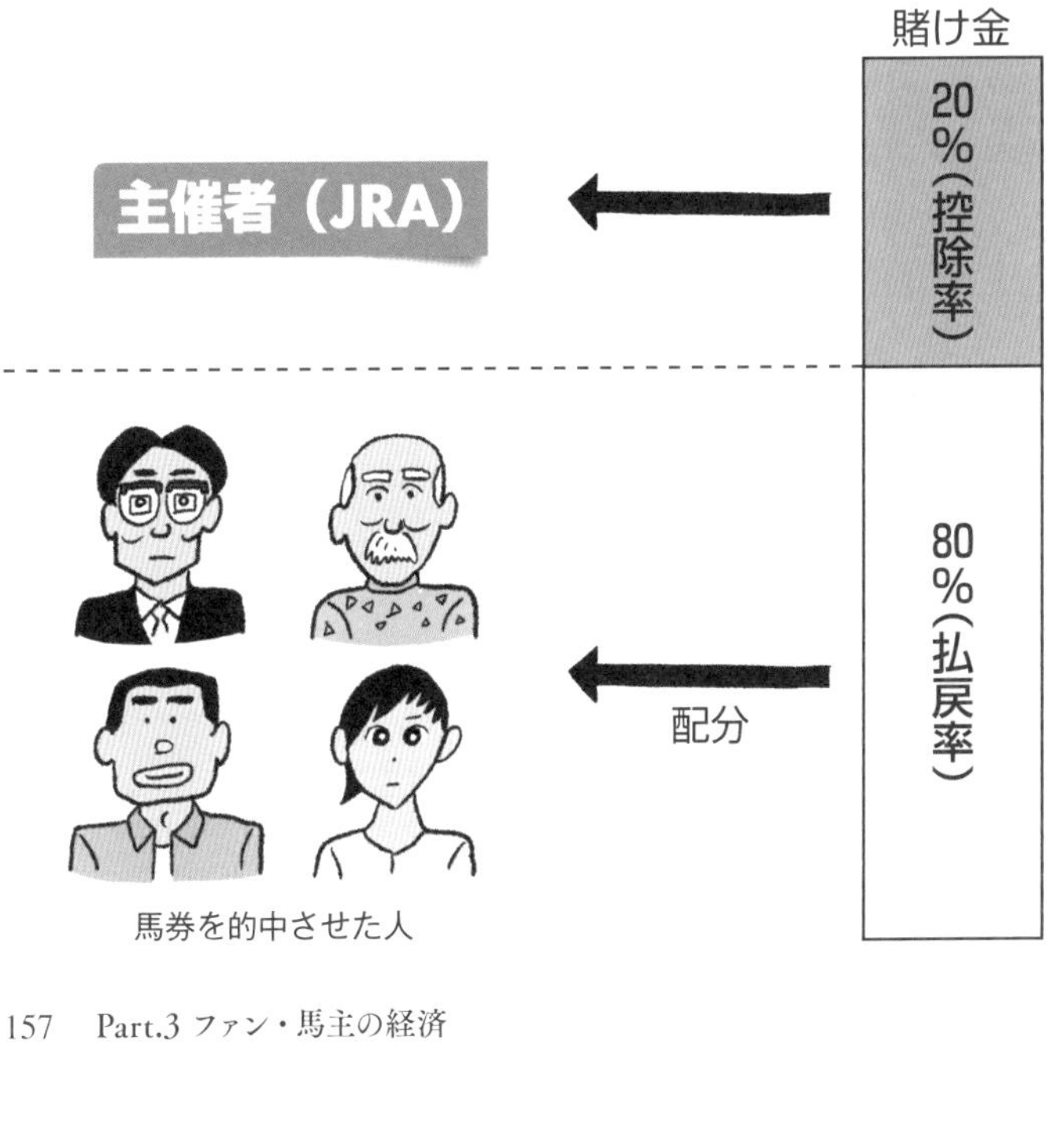

Part.3

中央と異なる地方競馬の独自の控除率

地方競馬にも当然、控除率は定められていますが、中央競馬とは異なります。

そもそも、地方競馬の主催者は各地方自治体や競馬組合が担っているほか、「地方競馬全国協会」（N《エヌ》A《エー》R《アール》）という存在があるためです。このNARは地方競馬の公正・円滑な実施をはじめ、馬主や競走馬、調教師や騎手の免許の管理を担っている地方共同法人です。

こうした中央競馬とは異なる

中央競馬と地方競馬の組織構成

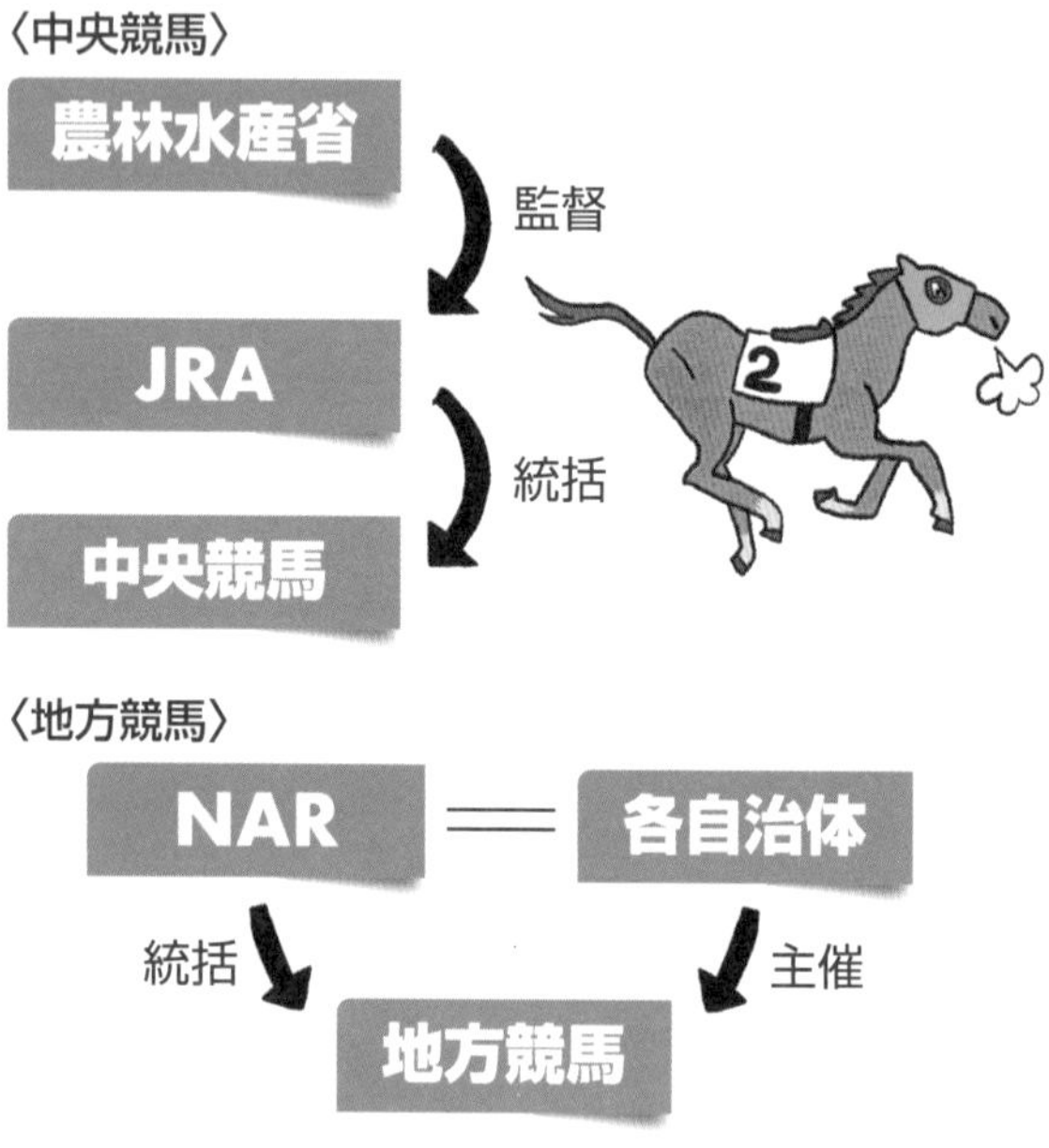

まったく別の組織が存在していることから、地方競馬は独自の控除率を設定しています。

とはいえ、中央競馬とくらべて、数値に大きな違いはありません。単勝、複勝、馬単の控除率は中央競馬と変わりません。それ以外の馬連、ワイド、3連複、3連単の控除率は中央競馬よりも少し高めに設定されています（くわしくは下記の図を参照）。

また同じ地方競馬でも、園田《そのだ》競馬場と姫路競馬場（兵庫県競馬）、ホッカイドウ競馬はほかとは異なる控除率を定めています。

中央競馬と地方競馬の控除率

	中央競馬	地方競馬
単勝	20.0%	20.0%
複勝	20.0%	20.0%
枠連	22.5%	25.0%
馬連	22.5%	25.0%（兵庫県競馬のみ22.5%）
馬単	25.0%	25.0%
ワイド	22.5%	25.0%（ホッカイドウ競馬のみ20%）
3連複	25.0%	27.5%（ホッカイドウ競馬のみ30%）
3連単	27.5%	27.5%（ホッカイドウ競馬のみ30%）

Part.3

馬券購入時に控除されたお金の使途

中央競馬の控除率は、馬単の場合25％です。つまり、馬単を100円分買ったとき、そのうち75円が払戻金にあてられ、25円はあらかじめ控除されるということになります。

この控除された25円のうち10円（40％）が国庫に納付されます。これは、「第1国庫納付金」と呼ばれるものです。

国庫に納付したあと、残った15円（60％）はJRAの運営にあて

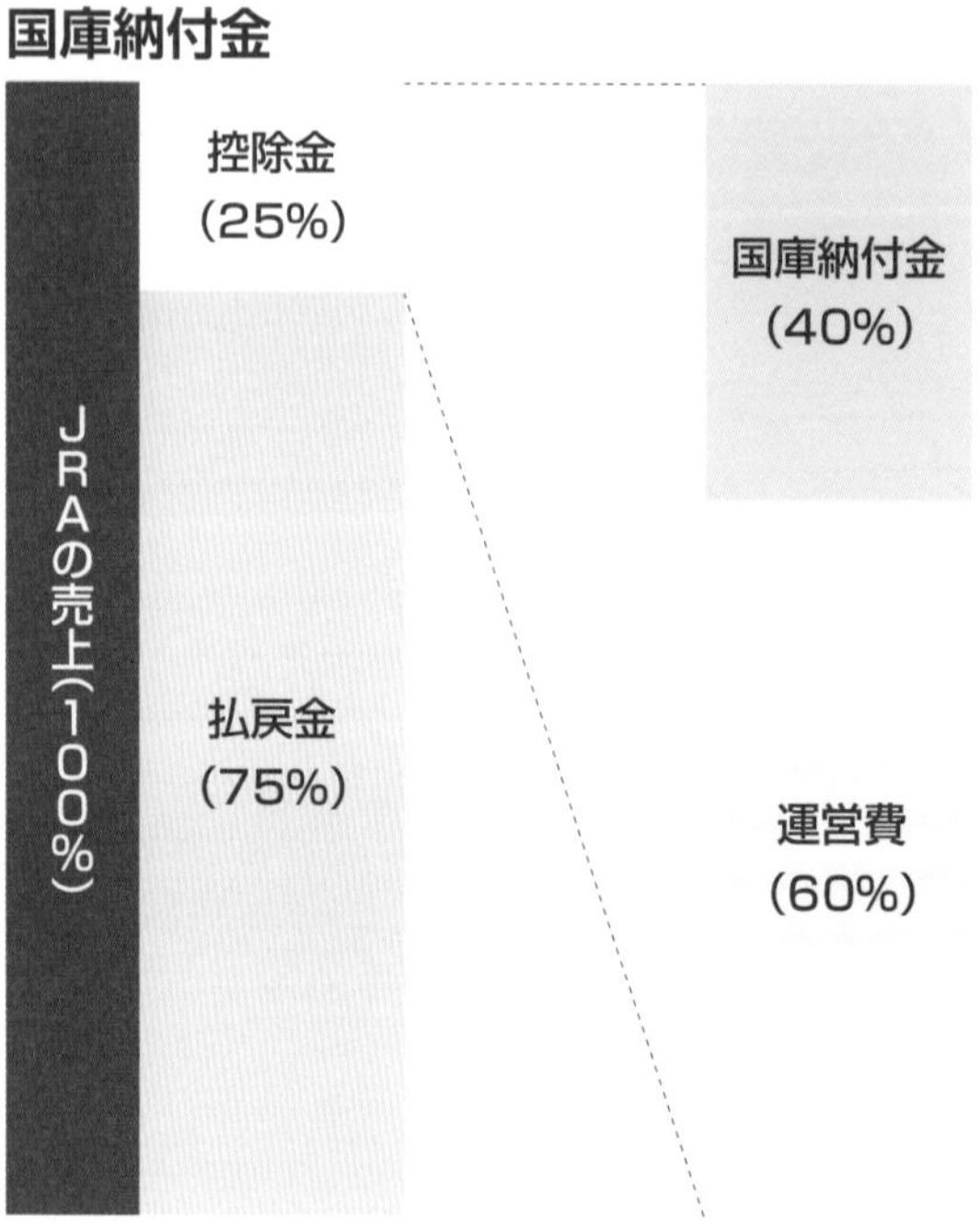

られています。そして、各事業年度においてＪＲＡに利益が出た場合、その額の２分の１が国庫へと再度、納付されています。これは「第２国庫納付金」と呼ばれるものです。

こうして、ＪＲＡが国に納めたお金は、国の一般財源に繰り入れられ、４分の３が「畜産振興」に、４分の１が「社会福祉」に使われています。

つまり、私たちが馬券を購入したときのお金は、社会のさまざまな場面で役立てられているというわけです。

国庫納付金の推移

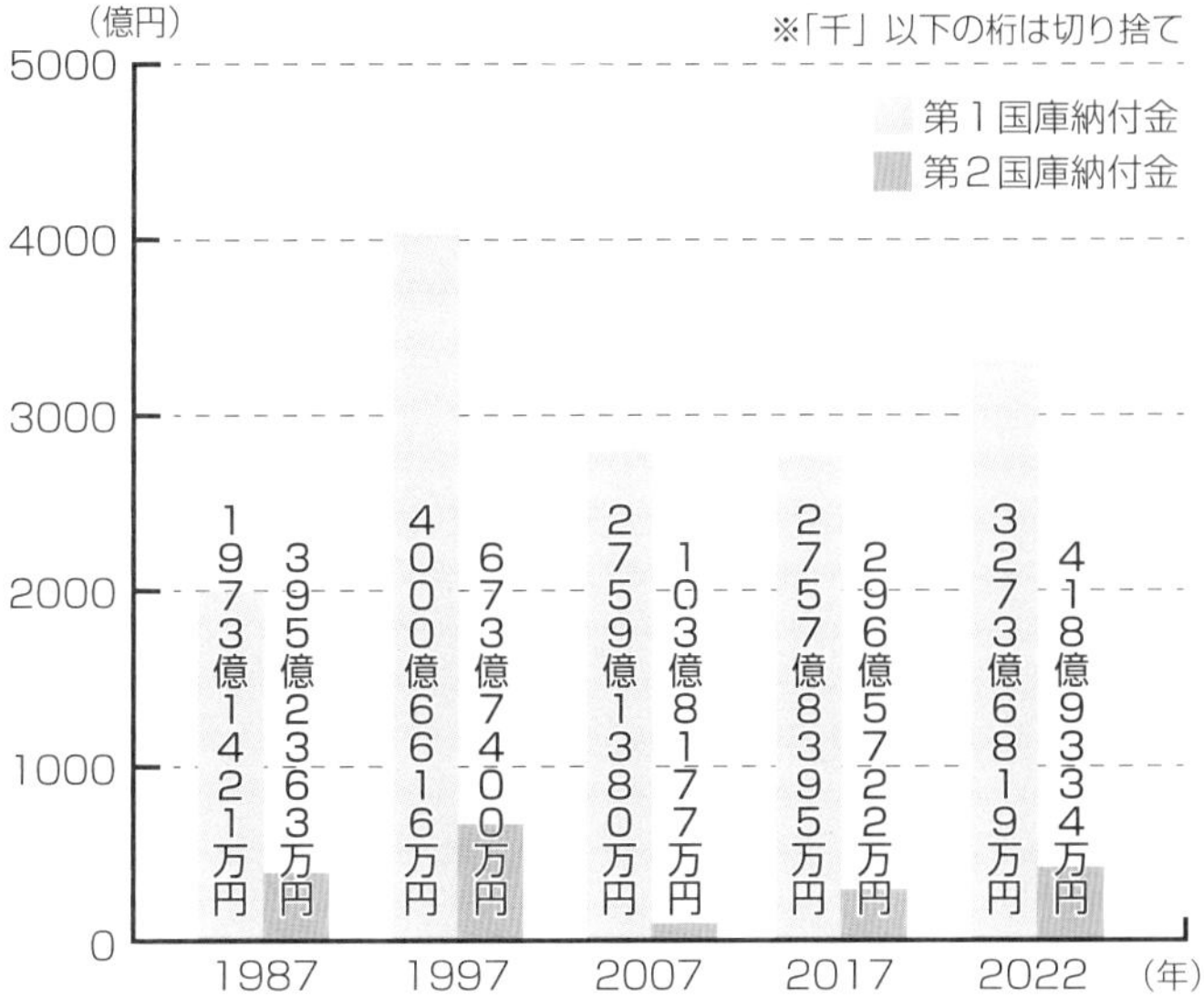

JRA「社会とともに国庫納付を通じた貢献」を参考に作成

Part.3 資産７５００万円以上が馬主の条件

中央競馬の馬主には「個人馬主」「法人馬主」「組合馬主」の３種類があります。そしてその馬主になるには、金銭面を中心にかなりきびしいさまざまな条件が設定されています（下図と左ページの図を参照）。

それとくらべれば、地方競馬はかなりハードルが下がります。地方競馬の個人馬主は、年間の所得金額が原則５００万円以上あればなることができます。

個人馬主になるための３つの条件

〈ハードル3〉
競馬施行規程の第 7 条の第 1 ～第 13 号に該当しない
※前科をはじめ、暴力行為・違法行為などに関する事項

〈ハードル2〉
資産 7500 万円以上

〈ハードル1〉
所得金額が過去 2 年とも 1700 万円以上

組合馬主と法人馬主の条件

〈組合馬主〉
組合員数が3～10人
競馬施行規程の第7条の第16号で定める事項に該当しない
組合員全員の所得金額が、過去2年いずれも900万円以上である
組合財産として1000万円以上の預貯金がある
組合員に個人馬主・法人馬主の代表者、またはほかの組合馬主の組合員が含まれていない
代表者1名が特定されている
組合契約が農林水産省とJRAの定める基準に合致している

〈法人馬主〉
資本金、または出資額が1000万円以上である
競馬施行規程の第7条の第1～第13号で定める事項に該当しない
申請法人の代表権を持つ役員である
申請法人の資本金または出資額の50%以上を出資している
所得金額が過去2年いずれも1700万円以上ある
継続的に保有する資産の額が7500万円以上ある
個人馬主が法人馬主に登録形態を変更した場合は、個人馬主登録が抹消となる

Part.3

大切な馬主には賞金以外に手当なども

競走馬の購入は安くても数百万、高ければ数億円もかかるうえ、1頭につき預託料が月平均で70万円かかることから、競走馬がよい成績を上げなければ、かなりの赤字を背負うことになりかねません。

ただ、赤字を理由に馬主が次々と撤退してしまってはレースが成立しなくなってしまうため、JRAは長く馬主を続けてもらえるよう、本賞金以外にもさまざまな賞・手当などを設けています。

馬主の主な収入と支出

出走にあたって交付される賞・手当

出走奨励金	対象:全競走の6～9着馬(重賞以上の格上の競走は6～10着)

1着の本賞金に対して、着順に乗じた比率(8～2%)が交付される

特別出走奨励金	
	対象(1):3歳以上のGI・GⅡ競走で11着以下の馬
	GI競走:200万～150万円、GⅡ競走:100万～50万円
	対象(2):3歳以上の芝1800m以上のGⅡ競走で11着以下の馬
	オープン馬:100万円、3勝クラス:50万円

距離別出走奨励賞	対象:3歳以上の芝1800m以上の平地競走で1～10着の馬

芝1800m:140万円、芝1800超~2000m未満:260万円、
芝2000m超:380万円
※オープン競走を例に各競走の1着の交付金のみ記載

着順に応じ、1着馬の単価に乗じた比率(40～2%)が交付される

※主な競走の1着馬の単価のみ記載

内国産馬奨励賞	対象:平地競走において1～7着となった内国産馬
新馬(2歳):200万円	未勝利(2歳):200万円
新馬(3歳):170万円	未勝利(3歳):170万円(春季)、150万円(夏季)

GI競走:350万円～、1勝クラス:120万円(2歳・3歳)、90万円(3歳・4歳)

※1着馬の単価のみ記載

内国産牝馬奨励賞	対象:平地競走において1～7着となった内国産牝馬
新馬(2歳):160万円	未勝利(2歳):100万円
新馬(3歳):100万円	未勝利(3歳):50万円(春季のみ)
付加賞	特別登録料の総額を1着・2着・3着馬に対し、7・2・1の割合で配分
賞品	1着馬の馬主に最大400万円相当

※1着馬との着差(タイムオーバー)などにより不交付となる条件あり

Part.3

有名馬主の活躍馬による獲得賞金

162ページで紹介したように、中央競馬の馬主になるには金銭面のハードルが高いため、上場企業の経営者などが多くいる一方、芸能界やスポーツ界の成功者などにも馬主が何人もいます。

一番有名なのは、演歌歌手の北《きた》島三郎《じまさぶろう》氏でしょう（馬主名義は有限会社大野商事）。同氏の所有していたキタサンブラックはGⅠを7勝し、獲得総賞金は18億7864万3000円にもなりました。

ただ、北島氏の馬主歴は半世紀以上で、キタサンブラックによる菊花賞が初のＧⅠ制覇でした。長年の悲願が報《むく》われた形です。

対して、元プロ野球選手の佐々木主浩《かづひろ》氏は複数の馬が活躍しています。２００６年に馬主資格を取得すると、２０１３年にはヴィルシーナでヴィクトリアマイルに勝ちＧⅠを初制覇。その後も、ヴィブロス、シュヴァルグランと、次々と所有馬がＧⅠを勝ちました。ヴィブロスは海外ＧⅠのドバイターフも制しており、賞金約４億円を手にしています。

ＧⅠ勝ちの競走馬の著名な馬主
（実業家・企業家を除く）

馬主	職業	主な活躍馬	勝利したＧⅠ
大野商事 （北島三郎）	演歌歌手	キタサンブラック	菊花賞、大阪杯、天皇賞（春・秋）、JC、有馬記念
前川清《きよし》	歌手	コイウタ	ヴィクトリアマイル
小林祥晃《さちあき》 （Dr.コパ）	建築家	コパノリッキー コパノリチャード ラブミーチャン	多数のダートグレード競走
佐々木主浩	元プロ野球選手・野球解説者	シュヴァルグラン ヴィルシーナ ヴィブロス	JC ヴィクトリアマイル 秋華賞、ドバイターフ
大和屋《やまとや》 暁《あかつき》	脚本家	ジャスタウェイ	天皇賞・秋 ドバイデューティフリー 安田記念

Part.3

馬主の気分が味わえるクラブ法人

中央競馬の馬主になるには、きびしいハードルが設定されていました（162ページ参照）。その代わりではありませんが、日本には、大小20以上の「クラブ法人馬主」（一口馬主）が存在します。

一口馬主とは、クラブが募集する馬に出資するという形式です。「2000万円の馬で40口募集」という場合、一口50万円ということになります。制限がなければ、何口でも出資することができます。

この一口馬主では、本物の馬主資格は得られません。しかし、出資した馬が獲得した賞金が所持する口数の割合に従って分配されるため、馬主のような気分を味わうことができます。キャスターの草《くさ》野《の》仁《ひとし》氏や元プロ野球選手の山本昌《やまもとまさ》氏はGI馬の一口馬主だったことでよく知られています。

近年は、重賞を勝ったことのある良血馬の弟や妹がクラブ法人で募集されたり、一口が数千〜数万円で募集されたりなどしていることもあり、新規の会員を制限するほど、クラブ法人は盛んです。

日本の主なクラブ法人

(生産)牧場系	バイヤー系
生産牧場が母体となって運営されているクラブ。基本的にグループ内の生産牧場で生産した募集馬をラインナップする	クラブがセリや庭先取引などで馬を買いつけ、それらを募集馬としてラインナップする
【主なクラブ】	【主なクラブ】
社台サラブレッドクラブ	東京サラブレッドクラブ
サンデーサラブレッドクラブ	友駿ホースクラブ愛馬会
G1サラブレッドクラブ	サラブレッドクラブライオン
キャロットクラブ	広尾サラブレッド倶楽部
シルク・ホースクラブ	DMMバヌーシー
ロードサラブレッドオーナーズ	インゼルサラブレッドクラブ

折衷系	所有する牧場で競走馬を生産し、同時に馬の買いつけも行い、いずれも募集馬としてラインナップする
【主なクラブ】	
ラフィアンターフマンクラブ、ウインレーシングクラブ、ノルマンディーオーナーズクラブ	

Part.3

一口馬主でプラス収支は10％余り!?

クラブ法人であるシルク・ホースクラブが所有していたアーモンドアイは、GⅠ9勝を挙げ、19億1526万3900円もの生涯獲得賞金を稼ぎました。

アーモンドアイの募集時は総額3000万円で、全500口×1口6万円という設定でした。もし一口だけでも持っていれば、単純計算で6万円の投資で300万円近い金額を手に入れられたことになります。

一口馬主で収支が赤字の人の割合

ただし、アーモンドアイのような馬とめぐり合えるのは、宝くじで高額の当せん金が当たるような幸運なケースです。

そもそも出資した馬がデビューにこぎつけられないことや、1勝もできないことはよくあります。その間にも出資した馬の維持費に加え、たいていの場合、クラブ法人に毎月の会費を払わないとなりません。

JRAが以前行った調査によれば、一口馬主が1頭に出資して黒字になる確率は、12・8%しかないそうです。

Part.3

10万人が参加する大会もあるPOG

ペーパーオーナーゲーム（PO《ピーオー》G《ジー》）とは、これからデビューを迎える2歳馬を複数頭選び、架空《かくう》の馬主となって、選んだ馬の実際の成績で勝者を決めるゲームです。「仮想馬主ゲーム」とも呼ばれていて、1990年代に日本で始まったともいわれています。

POGの規模は、数人〜十数人の仲間うちで開催するものから、競馬雑誌やウェブサイトが主催する大規模なものまで、さまざまで

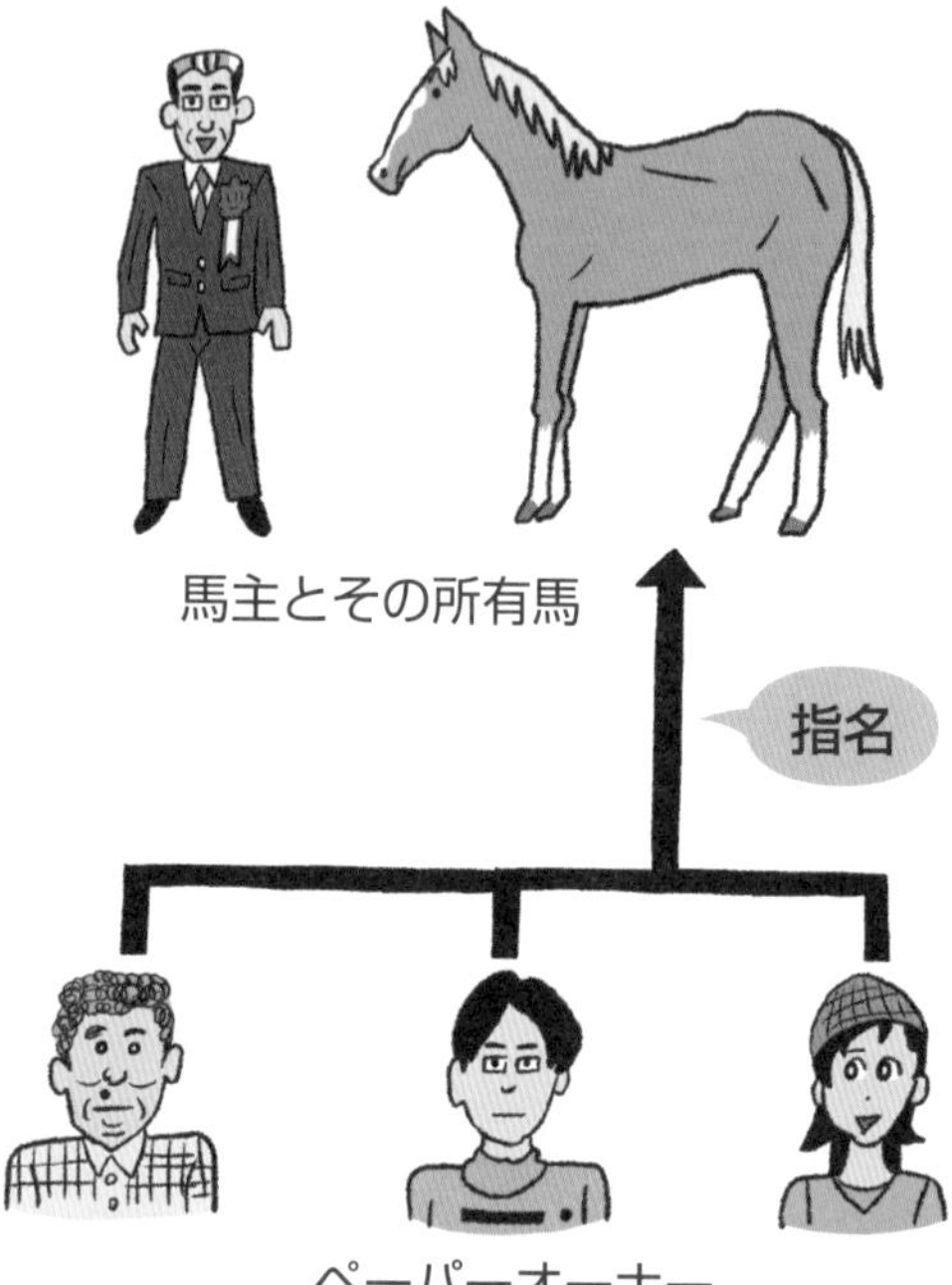

す。競馬情報サービスの「JRA-VAN」が主催するPOGの2022年度シーズンには、10万人もの参加者がいました。

　また、POGの開始シーズン前である（シーズン終了はダービーであることが大半）2歳馬のデビュー前の3~5月には、次のPOGに向けた書籍が出版されます。当初は1995年に発売された『POGの達人』（通称：赤本）などしかありませんでしたが、POGの人気の高まりを受けて、次々とPOGに関する書籍や雑誌などが出るようになっています。

POGの関連書籍と大会

〈POGに関する主な紙媒体〉

形態	書名	通称	出版社
単行本	POGの達人	赤本	光文社
単行本	天才！のPOG	青本	メディアボーイ
単行本	POGの王道	黄本	双葉社
単行本	競馬王のPOG本	黒本	ガイドワークス
雑誌	丸ごとPOG	―	サンケイスポーツ
雑誌	一口クラブPOG	―	ガイドワークス
新聞	ザッツPOG	―	東京スポーツ

〈POGの主な大会〉

大会名	主催者	参加費
POG	JRA-VAN	無料
馬トクPOGグランプリ	スポーツ報知	無料
netkeiba POG	netkeiba	無料

Part.3

馬に関するレコードが45万枚の売上!?

１９８０年代後半からの第二次競馬ブーム以降、競馬は多様なメディアミックスをしています。

しかし、メディアミックスという言葉もない時代に異例の大ヒットとなったのが、１９７５年に発売された『さらばハイセイコー』のレコードです。歌はハイセイコーの鞍上の増沢末夫《ますざわすえお》騎手が担当しました。売上は何と45万枚。オリコンチャートでは最高４位にまでなっています。

ハイセイコーの主な戦績

年	開催場	レース名	着順
1973	中山	弥生賞	①
	中山	スプリングステークス	①
	中山	皐月賞	①
	東京	日本ダービー	③
	京都	菊花賞	②
1974	中山	中山記念	①
	京都	宝塚記念	①
	中山	有馬記念	②

ハイセイコーは１９７３年に地方から中央へと移籍して大活躍し、第一次競馬ブームの立役者となった馬です。地方でデビューしてから無敗の10連勝目がかかっていたＮＨＫ杯（１９８４年にＧⅡとなったのち96年に廃止）には、16万９１７４人ものファンが駆けつけ、当時の東京競馬場の入場人員数の新記録を樹立しました。

その人気は従来の競馬ファンに留まらず、少年漫画誌や女性誌の表紙を飾るほど幅広いものでした。まさに、元祖アイドルホースといえる存在でした。

日本中央競馬会の売上（1972〜1974年）

JRAの概要 成長推移『売得金額・入場人員』を参考に作成

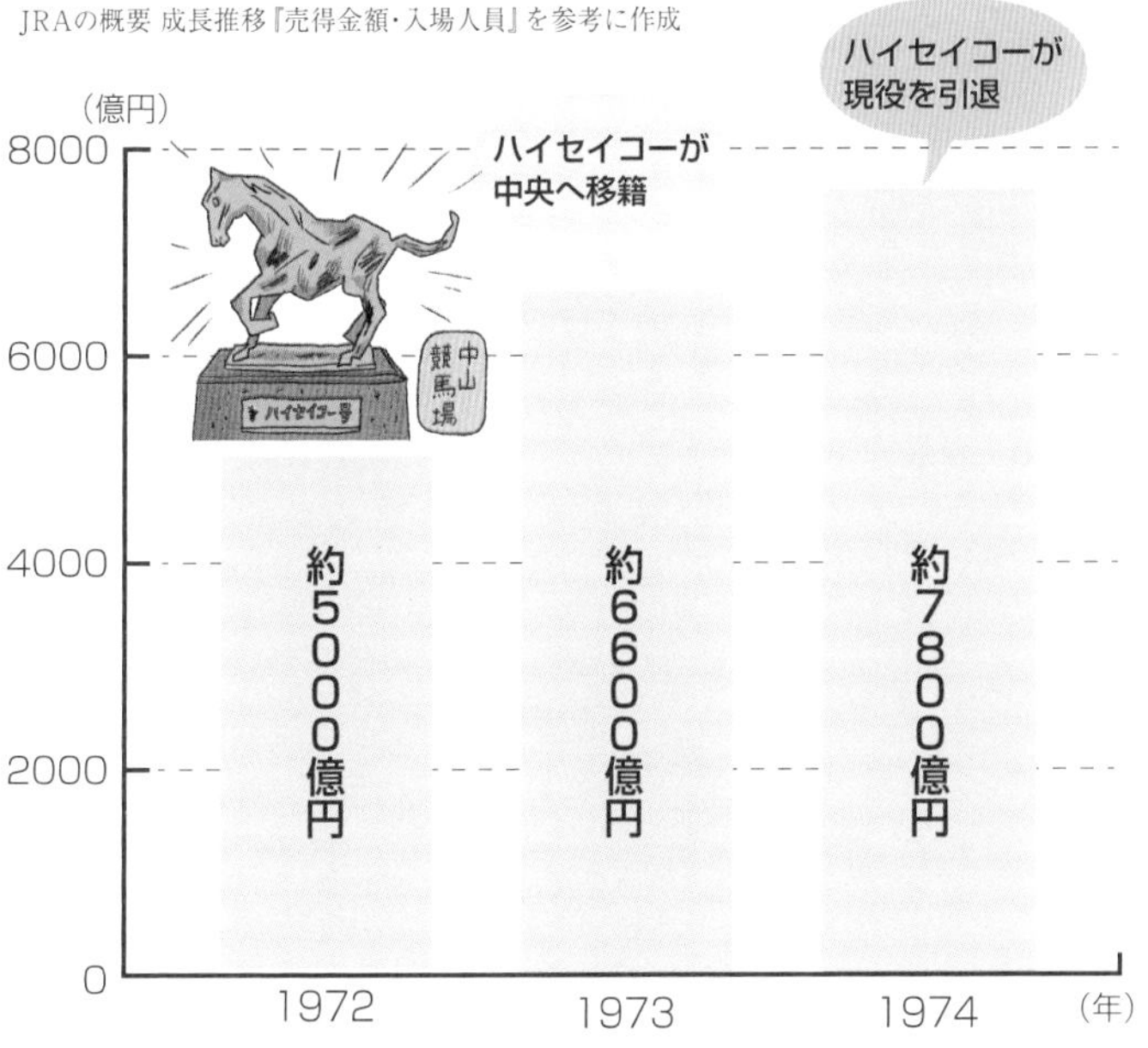

Part.3

オグリ効果で売上1兆円アップ!?

１９８０年代後半から始まった第二次競馬ブームをけん引したのがオグリキャップです。

１９８８年に地方の笠松《かさまつ》競馬場から中央に移籍したオグリキャップは連勝を重ね、またたく間に人気馬となりました。この年、ＪＲＡの売上が初めて２兆円を超えます。そして同馬が有馬記念を勝利して引退した１９９０年には、売上が３兆円を突破。わずか３年で売上が１兆円も増加したのです。

この増加分のすべてがオグリキャップ人気によるものではありませんが、このあとJRAの売上が3兆円から4兆円になるのに7年かかっていることから、オグリキャップの存在が売上アップに果たした役割が大きかったことは確かでしょう。

　今では当たり前のように売られているぬいぐるみですが、初めてぬいぐるみになった競走馬がオグリキャップで、300万個も売れたといいます。そのほかの関連グッズを含めた売上は1000億円にのぼりました。

オグリの活躍とJRAの売上

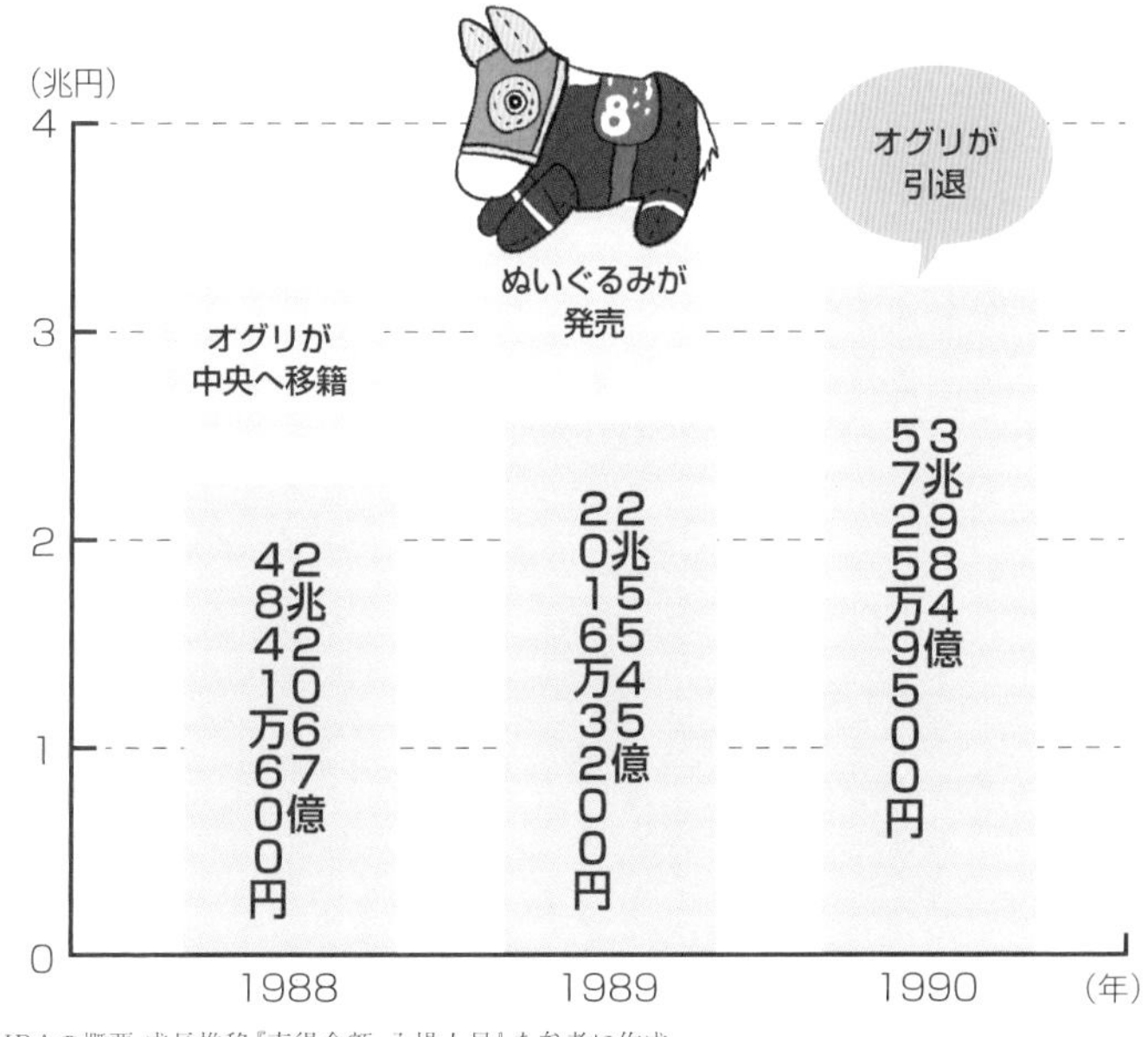

JRAの概要 成長推移『売得金額・入場人員』を参考に作成

Part.3

窮地を救った〝ハルウララ旋風〟

２０００年代に入ると、各地の地方競馬場は経営難に陥りました。高知競馬場も例にもれず、２００２年には累積赤字が88億円にもふくれ上がってしまいます。

そんな高知競馬場を救ったとされるのが、ハルウララです。高知競馬場所属の同馬はデビュー以来１度も勝つことができず、２００３年には連敗数が１００に届こうとしていました。ところが、まったく勝てないことが逆に人気とな

り、ハルウララが出走する日は高知競馬場に観衆がつめかけるようになります。

2004年3月22日には中央の武豊騎手がハルウララに騎乗したこともあり、地方競馬の特別戦ながら馬券の売上は5億円を超えました。ハルウララが出走しない日の1日の売上が約6000万円であることを考えると、驚異的な数字といえます。

ハルウララの人気により高知競馬場は廃止をまぬかれ、その後、馬券のネット販売などをテコ入れし、再建に成功しました。

高知競馬の売上推移（1990〜2020年代）

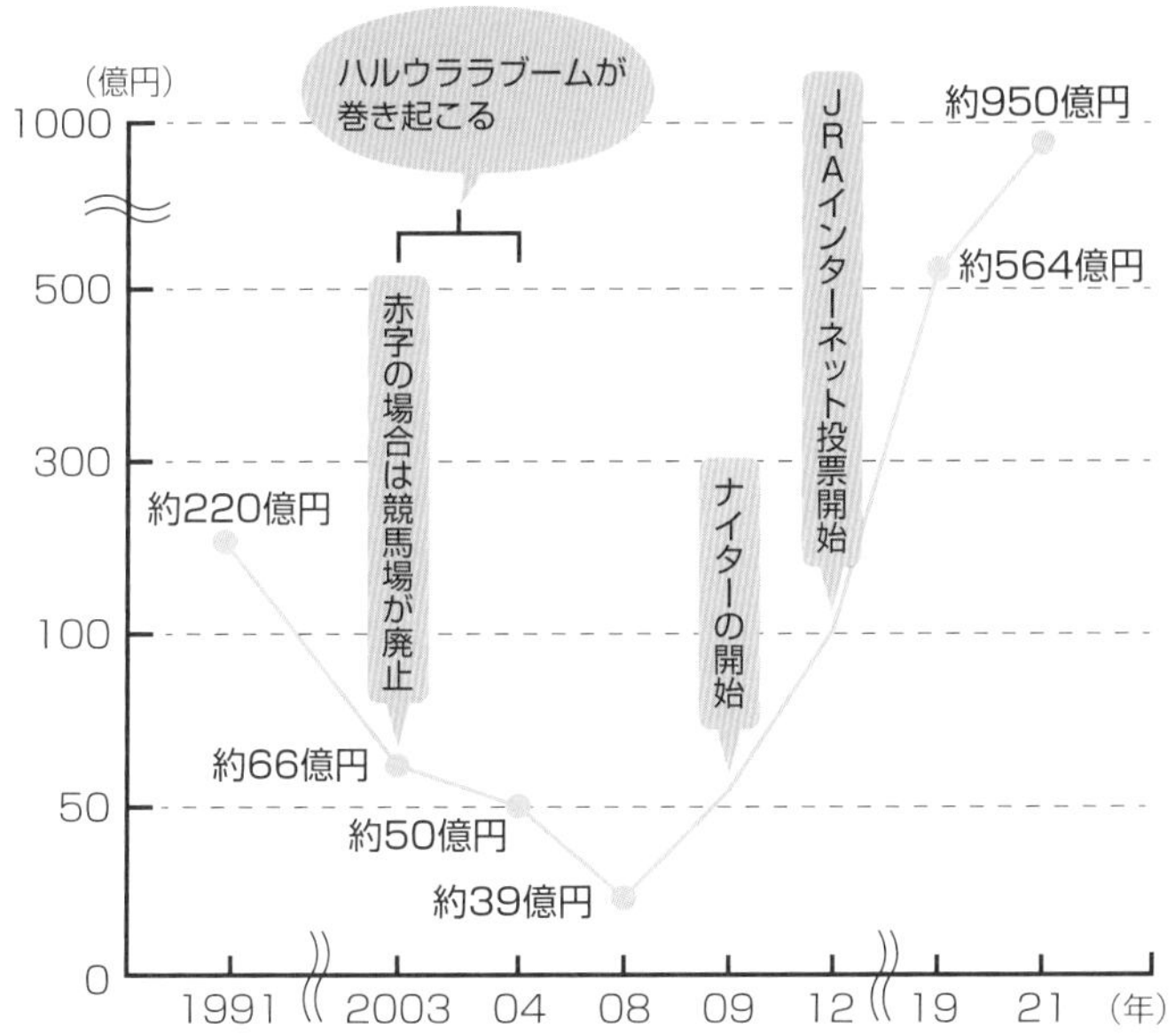

Part.3 主催者が番組の制作費を出している!?

近年、さまざまなスポーツ番組の生中継が減っています。しかし、競馬が開催される毎週末には、競馬番組が必ず放送されています。じつはこれは、ＪＲＡがテレビ・ラジオの番組スポンサーとなって、番組の制作費等を負担しているからです。競馬専門チャンネルのグリーンチャンネルもＪＲＡの関連法人が運営しています。

ＪＲＡが番組制作のために負担している費用は、毎年50億円から

１００億円ともいわれています。

このことにともない、大半の競馬番組では「主催はＪＲＡ日本中央競馬会です」というひと言が放送中に流れます。多くのスポーツ競技では、放送局が主催団体に放送権料を払っていますが、競馬はその逆です。そのため、長く続いた競馬番組が終わっても、また新たな競馬番組が始まるなど、競馬中継はなくならないのです。

　何より、既存の競馬ファンへ向けた情報媒体であるとともに、新規ファン獲得のためにテレビ中継やラジオ中継は欠かせないのです。

JRAとテレビ・ラジオの関係

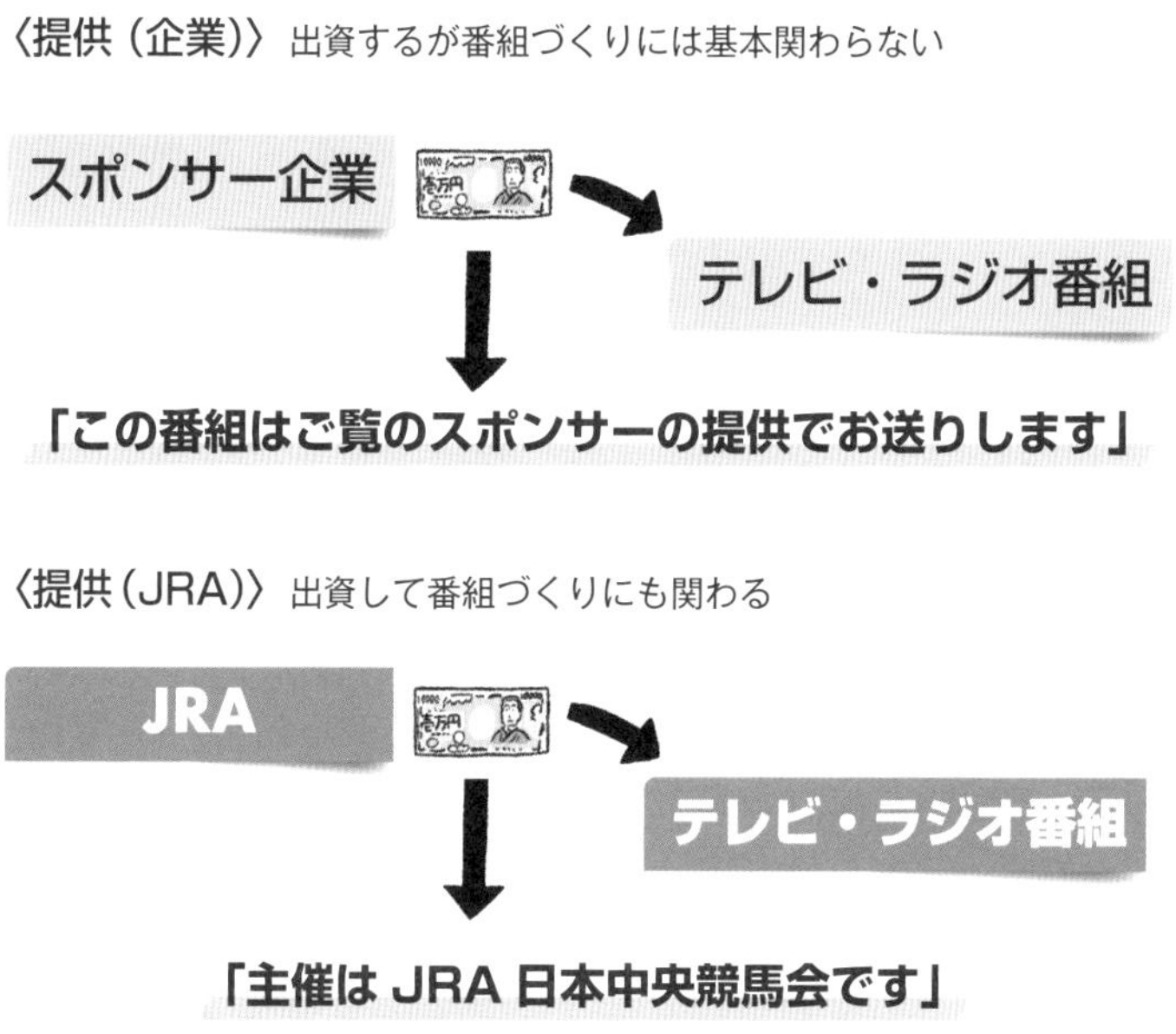
〈提供（企業）〉出資するが番組づくりには基本関わらない
スポンサー企業
テレビ・ラジオ番組
「この番組はご覧のスポンサーの提供でお送りします」
〈提供（JRA）〉出資して番組づくりにも関わる
JRA
テレビ・ラジオ番組
「主催は JRA 日本中央競馬会です」

Part.3

生き残りをかけるさまざまな紙媒体

1990年代の第二次競馬ブームによって競馬雑誌が次々と創刊され、コンビニや書店で売られるようになるなど、既刊の競馬専門紙やスポーツ紙とともに競馬業界を盛り上げていました。

しかし、2000年代に入ったころからインターネットが普及し、競馬関連サイトが充実化したこともあり、紙媒体の存在価値は薄れていきます。

専門紙でいえば、『トータライ

馬柱が掲載されている主な紙媒体

〈競馬専門紙〉	〈スポーツ紙〉
馬サブロー※	サンケイスポーツ（サンスポ）
勝馬《かちうま》※	スポーツニッポン（スポニチ）
競馬エイト	スポーツ報知
競馬ブック	デイリースポーツ
競友《けいゆう》※	東京スポーツ※（東スポ）
研究ニュース	日刊スポーツ
日刊競馬	日刊ゲンダイ
優馬《ゆうま》※	夕刊フジ

「※」があるのは関東でのみ販売

ザー』『ダービーニュース』などが休刊、ないしはネット版に移行し、『ホースニュース・馬』は休刊。『競馬最強の法則』や『サラブレ』など雑誌の休刊も続きました。

残った専門紙・雑誌も、販売地域を縮小したり、価格を上げたり、電子版を配信して生き残りをかけています。

とはいえ、競馬ファンにとっては赤ペンで書き込むなどしてレースの予想をするにあたって、競馬雑誌や競馬専門紙などは欠かせないことには変わりなく、一定の需要は維持されるでしょう。

主な価格推移（競馬雑誌を例に）

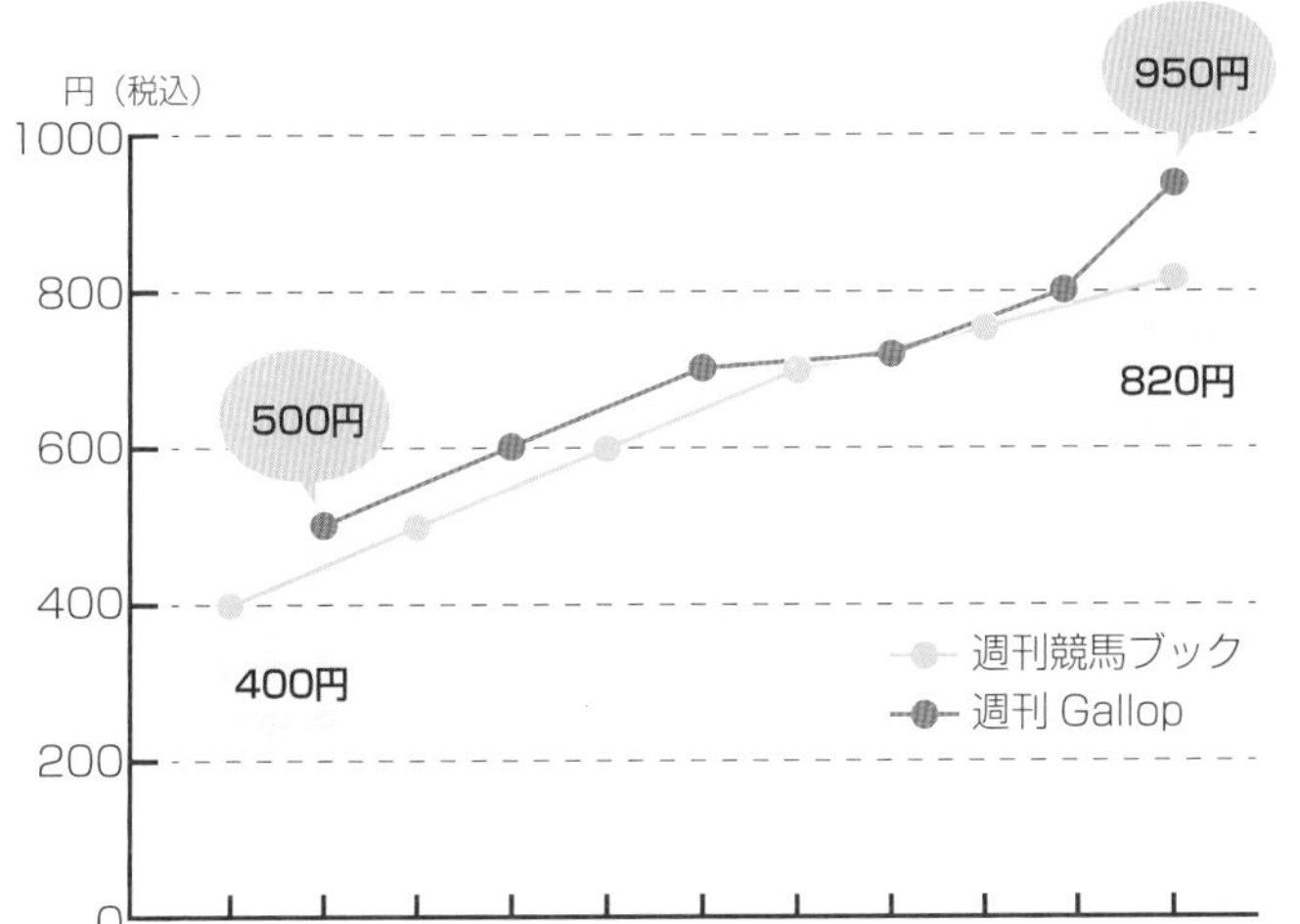

※平成からの価格の推移を表す
※電子版の価格は除く

Part.3

少年漫画誌がこぞって競馬漫画を連載

１９８０年代末から第二次競馬ブームが起こると、少年漫画誌に競馬漫画が掲載されるようになりました。その先駆けとなったのが、１９８９年から１９９３年まで週刊少年マガジンで連載された『風のシルフィード』です。

同作は競走馬のシルフィードを主人公に、さまざまなライバルとの対決を描いて大ヒットしました。その人気を受けて、ほかの少年漫画誌でも競馬漫画の連載が始まり

ます。

1994年には、週刊少年サンデーで『じゃじゃ馬グルーミン★UP!』、週刊少年ジャンプで『みどりのマキバオー』の連載が開始されます。翌年には週刊少年チャンピオンでも『優駿の門』の連載が開始します。

さらに、1996年からは『風のシルフィード』の続編『蒼《あお》き神話マルス』、2007年からは『みどりのマキバオー』の続編『たいようのマキバオー』の連載も始まるなど、新規の競馬ファンの獲得に貢献しました。

四大週刊少年誌で掲載されていた競馬漫画

作品名	原作者	掲載誌（出版社）	連載時期（単行本の巻数）
風のシルフィード	本島幸久《もとしまゆきひさ》	週刊少年マガジン（講談社）	1989〜1993年（全23巻）
みどりのマキバオー	つの丸	週刊少年ジャンプ（集英社）	1994〜1998年（全16巻）
じゃじゃ馬グルーミン★UP!	ゆうきまさみ	週刊少年サンデー（小学館）	1994〜2000年（全26巻）
優駿の門	やまさき拓味《ひろみ》	週刊少年チャンピオン（秋田書店）	1995〜2000年（全33巻）
蒼き神話マルス	本島幸久	週刊少年マガジン（講談社）	1996〜1999年（全13巻）
たいようのマキバオー たいようのマキバオーW	つの丸	週刊少年ジャンプ（集英社）	2007〜2017年（全16巻・全20巻）

Part.3

累計販売本数は900万本超え！

第二次競馬ブームを背景に、1990年代に、競走馬育成シミュレーションゲームが発売されます。それが、1991年にアスキーから発売された『ベスト競馬・ダービースタリオン』でした。

翌年に発売された『ダービースタリオン全国版』から人気は不動のものとなり、通称「ダビスタ」は、定期的に新作が発売されていて、累計の販売本数は900万本を超えています。なお、ダビスタ

の生みの親である薗部博之《そのべひろゆき》氏は、現実では馬主でもあります。

そんなダビスタと並ぶ人気の競走馬育成シミュレーションゲームが、コーエー（現・コーエーテクモ）が発売する『ウイニングポスト』シリーズです（通称「ウイポ」）。1993年の第1作の発売からシリーズを重ねています。

両シリーズとも携帯のゲームアプリとして配信されていますが、同じゲームアプリとして、2021年にリリースされた『ウマ娘 プリティーダービー』が新たな競馬ファンを開拓しています。

人気シリーズの歴代タイトル

ダービースタリオン	ウイニングポスト
ベスト競馬・ダービースタリオン(1991年)	ウイニングポスト(1993年)
ダービースタリオン 全国版(1992年)	ウイニングポスト2(1995年)
ダービースタリオンⅡ(1994年)	ウイニングポスト3(1997年)
ダービースタリオンⅢ(1995年)	ウイニングポスト4(1998年)
ダービースタリオン96(1996年)	ウイニングポスト5(2000年)
ダービースタリオン(1997年)	ウイニングポスト6(2002年)
ダービースタリオン99(1999年)	ウイニングポスト7(2004年)
ダービースタリオンアドバンス(2002年)	ウイニングポスト8(2014年)
ダービースタリオン04(2004年)	ウイニングポスト9(2019年)
ダービースタリオンP(2006年)	ウイニングポスト10(2023年)
ダービースタリオンDS(2008年)	
ダービースタリオンGOLD(2014年)	
ダービースタリオン Switch(2020年)	

※ダービースタリオンはシリーズごとに対応機種が代わることが多く、ウイニングポストはMicrosoft Windowsにも対応している

オッズと市場効率性

執筆＝渡辺隆裕

単勝支持率と馬の勝つ確率

94〜96ページのコラムで、競馬は株式市場に近いとお話しました。株式市場では、企業の業績が株価に正しく反映されているとき、「市場が効率的である」と言います。これを競馬で言いかえると、「馬の勝つ確率がオッズに正しく反映されているかどうか」といえます。たとえば、単勝馬券において、ある1頭の馬に全体の25％のお金が賭けられたとします。このとき、その25％をその馬の「単勝支持率」と呼びます。そして、その馬が勝つ確率が単勝支持率25％と一致するときに市場が効率的であるというのです。

単勝支持率はオッズの逆数に払戻率を賭けた値です（左ページの図を参照）。現在のJRAの単勝の払戻率は80％ですから（135ページを参照）、たとえばオッズが3・2倍の馬は（1／3・2）×0・8＝0・25で、単勝支持率が25％になることがわかります。

本命と穴馬の偏り

「競馬の市場は効率的なのか？」――これについては多くの研究がなされています。行動経済学でノーベル経済学賞を受賞したセイラーは、イギリスやアメリカのデータから「人々は穴馬を過大評価し、本命を過小評価しやすい。つまり、実際に勝つ確率より穴馬のオッズは低く反映され、本命馬は高くなる」ということを示しました。この現象は「本命と穴馬の偏《かたよ》り」（Favorite Longshot Bias）と呼ばれています。これを信じるなら、本命馬に賭けたほうが少し儲かりそうですね。

一方、日本のデータでは、偏りがなく市

単勝支持率の計算式

馬の単勝オッズ

$$\frac{\text{すべての馬の賭け金総額} \times \text{払戻率}}{\text{その馬への賭け金総額}}$$

↓

馬の単勝支持率

$$\frac{\text{その馬への賭け金総額}}{\text{すべての馬の賭け金総額}} = \frac{1}{\text{馬の単勝オッズ}} \times \text{払戻率}$$

場が効率的だとする研究があります。そこで私自身も（少し古いのですが）２００９年のデータを調べたことがあります【表2】。これによると、オッズが2倍から１００倍の馬までは偏りがほぼ見られず、１００倍を超える馬はわずかに過大評価される傾向にありました。しかしオッズが1倍台の本命馬は、過小評価ではなく過大評価されるようにも見えました。

オッズが1倍台の馬は「ＪＲＡプラス10」の影響があるため、正確な単勝支持率を調べてさらに検討する必要がありますが、調べた限り、日本ではオッズが1倍台と万馬券の馬には賭けないほうがよさそうです（とはいえ、私は大穴に賭けちゃいます）。

【表2】**日本の単勝の市場効率性**（2009年のデータより）

オッズの範囲	単勝支持率	実際の勝利確率
1.0から1.6	0.707	0.563
1.6から3.2	0.354	0.311
3.2から6.3	0.177	0.186
6.3から13	0.088	0.088
13から25	0.044	0.050
25から50	0.022	0.024
50から101	0.011	0.012
101から202	0.006	0.003
202から403	0.003	0.001
403から807	0.001	0.000

■参考資料・サイト

〔参考資料〕

JRAの概要 成長推移「売得金額・入場人員」
JRA「令和元事業年度 事業報告書」
JRA「令和４事業年度 事業報告書」
JRA「役職員の報酬・給与等について 令和４年度」
公益社団法人 日本軽種馬協会 生産関連統計『年次別サラブレッド輸入頭数』
公益社団法人 日本軽種馬協会の生産関連統計『年次別生産頭数』
地方競馬全国協会 平成17年11月14日『地方競馬全国協会について』

〔参考サイト〕

JRA 日本中央競馬会
JRAシステムサービス株式会社
日本馬匹輸送自動車株式会社
JRAファシリティーズ株式会社
JRA競馬学校
JRA-VAN
KEIBA.GO.JP
公益社団法人 日本軽種馬協会
公益財団法人ジャパン・スタッドブック・インターナショナル
公益社団法人 日本装削蹄協会
馬市.com
JBISサーチ
社台スタリオンステーション
netkeiba.com
損保ジャパン
netkeirin
Yahoo! ファイナンス

このほか、各地方競馬場のサイトや、新聞各社・スポーツ新聞各社の記事などを参考にしています。

監修者　**渡辺隆裕**(わたなべ・たかひろ)

1964年生まれ、北海道出身。東京工業大学工学部経営工学科卒業、同大学理工学研究科経営工学専攻修士課程修了。博士（工学）。現在、東京都立大学経済経営学部教授。専門はゲーム理論。著書に『ゼミナール ゲーム理論入門』『日経文庫ビジュアル「ゲーム理論」』（日本経済新聞出版社）、『図解雑学ゲーム理論』（ナツメ社）、『一歩ずつ学ぶ ゲーム理論』（裳華房）。趣味は競馬とスキー。

ブックデザイン　**井上祥邦**(yockdesign)

図版・DTP　**造事務所**

執筆　**奈落一騎**

イラスト　**谷端実**

編集　**石沢鉄平**(株式会社カンゼン)

競馬の経済学

発行日　2023年12月8日　初版

監　修　渡辺 隆裕

発行人　坪井 義哉

発行所　株式会社カンゼン
〒101-0021
東京都千代田区外神田2-7-1 開花ビル
TEL 03（5295）7723
FAX 03（5295）7725
https://www.kanzen.jp/
郵便為替 00150-7-130339

印刷・製本　株式会社シナノ

ISBN 978-4-86255-707-0　Printed in Japan

定価はカバーに表示してあります。
ご意見、ご感想に関しましては、kanso@kanzen.jp まで
E メールにてお寄せ下さい。お待ちしております。